www.cheops-pyramide.net

Das Pyramidenkapitel in Al-Makrizi's „Hitat"

nach einer Übersetzung von

Dr. Phil Erich Graefe (1911)

Herausgegeben von

Stefan Eggers

Umschlagentwurf:
Sonja Clasen

Fotos:
Stefan Eggers

Neuauflage des Pyramidenkapitels
mit freundlicher Genehmigung
des Reprint-Verlag-Leipzig durch
Frau Sandra Knecht

Bibliografische Information der Deutschen Bibliothek:
Die Deutsche Bibliothek verzeichnet diese Publikation in der Deutschen Nationalbibliografie; detaillierte bibliografische Daten sind im Internet über http://dnb.ddb.de abrufbar.

http://www.cheops-pyramide.net
E-Mail: info@cheops-pyramide.net

ISBN 3-8330-1128-9

Herstellung: Books on Demand GmbH, Norderstedt
Printed in Germany

Inhalt:

Vorwort:

- von Stefan Eggers -

Kein Land der Erde übt auf uns heute noch eine so große Faszination aus, wie Ägypten mit seinen antiken Bauwerken, Tempeln und natürlich den Pyramiden.

Dieser Faszination konnten sich auch antike Gelehrte und Reisende, die wir heute oft Historiker nennen, nicht entziehen.

Spätestens seit den Ägyptenfeldzügen Napoleons hat das alte Reich der Pharaonen in Europa und der ganzen westlichen Welt einen wahren Sturm der Begeisterung ausgelöst. Diese Begeisterung kommt nicht von ungefähr. Nirgendwo sonst auf der Erde können so viele antike Fundstücke so schnell und so einfach, scheinbar überall wo man hintritt, gefunden und ans Tageslicht befördert werden. In den Tempeln und Pyramiden fühlen wir uns heute noch Jahrtausende in der Zeit zurückversetzt. Überall haftet ein Schleier des magischen, mystischen, ja geheimnisvollen an den Artefakten aus längst vergangenen Tagen.

– In Ägypten wird unweigerlich aus jedem ein „Entdecker und Abenteurer“.

Es gibt jedoch noch einen Grund für die große Faszination am alten Ägypten: Von keiner anderen antiken Kultur gibt es auf der einen Seite so viele Fundstücke, Überlieferungen und Schriftstücke und auf der anderen Seite noch so viele ungeklärte Fragen. Oft scheint es gar, dass mit Beantwortung einer Frage gleich mehrere neue ungeklärte entstehen. Das schöne daran ist, dass sich jeder, egal ob Wissenschaftler oder Laie, seine eigenen Gedanken und Theorien machen kann.

Beim Versuch der Lösung der Fragen und Probleme sollten wir jedoch eines nicht vergessen: Wir leben in einer vollkommen anderen Zeit! In einer Zeit, die sich selbst als den bisherigen Höhepunkt der menschlichen Evolution ansieht. Eine Zeit, deren Vorstellung der Vergangenheit, seit dem Mittelalter, von der jeweils vorherrschenden Ideologie gebildet wurde.

Die Blütezeit der Pyramiden liegt nach unserer heutigen Chronologie über 4.600 Jahre zurück. Angesichts dieser Zeitspanne sollten wir uns immer dessen bewusst sein, dass damals andere Vorstellungen, Ideologien und Bedürfnisse herrschten als heute. Dieser andere Zeitgeist hat sicher nicht nur einfach andere Lebensweisen beinhaltet. Heute ist es für uns praktisch unmöglich den damaligen Zeitgeist nachzufühlen und zu verstehen. Ein Problem, dass von größerer Bedeutung sein könnte, als uns heute vielleicht bewusst ist.

So sehr wir auch forschen, spätestens bei den Pyramiden von Giza stoßen wir wieder an unsere Grenzen. Trotz aller Versuche Sinn, Zweck und Bauweise zu klären, müssen wir doch zugeben: Wir wissen einfach nicht, wie die Menschen vor über 4.600 Jahren diese Giganten aus Stein errichtet haben. Kleinlaut müssen wir auch noch zugeben, dass wir heute, selbst mit Einsatz modernster Techniken, nicht mehr im Stande sind, solch Wunderwerk der Baukunst zu vollbringen. Alle wissenschaftlichen Theorien lösen, wenn überhaupt, nur ein kleines Teilproblem, scheitern aber sofort an der gesamten Bauproblematik: Dem Bau einer Pyramide aus fast 2,5 Mio. Steinblöcken in einer geschätzten Bauzeit von 20 Jahren.

Die Beschreibungen des arabischen Geschichtsschreibers Al-Makrizi (1364-1442 n.Chr.) klingen verlockend. So spricht er z.B. beim

Transportproblem der Steine: „Sie hatten beschriebene Blätter, und wenn der Stein herausgehauen und seine sachgemäße Bearbeitung erledigt war, so legten sie jene Blätter darauf, gaben ihm einen Stoß, und bewegten ihn durch diesen Stoß um 100 Sahm[1] fort; dann wiederholten sie dies, bis der Stein zu den Pyramiden gelangte."

Al-Makrizi's Pyramidenkapitel klingt in vielen Bereichen gleichsam fantastisch, märchenhaft und unvorstellbar, aber wie bereits erwähnt: Wir wissen immer noch nicht wie die Pyramiden wirklich gebaut wurden und vielleicht stoßen wir gerade deshalb in dem Bericht des Al-Makrizi auf simplere Ideen. Ideen auf die bisher lediglich noch keiner gekommen ist, weil sie vielleicht viel zu banal sind.

[1] 1 Sahm = 6 Ellen

Einleitung:

- von Stefan Eggers -

Die Pyramiden von Giza haben schon immer ein großes Erstaunen und Interesse auf Reisende aus aller Welt hervorgerufen. So verwundert es uns auch nicht, dass große Historiker der Antike, wie Herodot, Diodor und Strabo, das Land am Nil besuchten und darüber in ihren Werken berichteten.

Herodot beispielsweise, der ein neunbändiges Geschichtswerk verfasste, widmete seinen Ägypten-Ausführungen gleich das ganze Buch zwei und einen Teil von Buch drei. Seine Aufzeichnungen sind heute viel zitiert und waren eine große Hilfe bei der Zuordnung der großen Pyramide von Giza. Diese vor Anonymität glänzende Pyramide konnte u.a. wegen den Beschreibungen Herodots als die Pyramide des Cheops identifiziert werden.

Mit dem Einfall der Araber in Ägypten im Jahre 639 n. Chr. gerieten die Hinterlassenschaften des pharaonischen Ägyptens in Vergessenheit. – Ein Zustand der sich erst im 18. Jahrhundert, im Zuge der Kolonialisierung, wieder ändern sollte.

Von Europa und der restlichen Welt völlig unbeachtet, brachte die arabische Welt, während ihrer Herrschaft über Ägypten, eigene Historiker hervor. Von diesen sind uns heute noch einige bekannt, wobei ihre Hinterlassenschaften in den wenigsten Fällen noch existieren.

Der wohl bekannteste arabischen Historiker ist Al-Makrizi (1364-1442 n.Chr.). Sein Hauptwerk, das Hitat, befasst sich mit der Geschichte und

Topographie Ägyptens.

Im zwanzigsten Jahrhundert wurden Teile des Geschichtswerkes genauer untersucht. Hugo Bunz, der in seiner Dissertation von 1908 die Fatimidengeschichte[2] von Al-Makrizi näher untersuchte, stellte fest, dass Al-Makrizi für sein Geschichtswerk einige Sätze bis zu größeren Textpartien von älteren arabischen Historikern übernommen hat. Teilweise sogar im selben Wortlaut.

Von der Mehrzahl der arabischen Historiker besitzen wir heute leider keine Aufzeichnungen mehr. Umso größer ist daher die Bedeutung des Hitat's von Al-Makrizi als Referenz für die arabischen Historiker.

In einem Teil seines Werkes widmet sich Al-Makrizi den Pyramiden, den Erbauern der Pyramiden und den Gründen dafür. Dieser Teil des Hitat, das sog. „Pyramidenkapitel" wurde 1911 von Erich Graefe ins deutsche Übersetzt. Das folgende „Pyramidenkapitel" ist eine Neuauflage dieses Werkes.

Seitdem das „Pyramidenkapitel" ins Deutsche übersetzt ist, gab es große Diskussionen darüber. Der Grund liegt in den Aussagen des Al-Makrizi. Seine Aussagen stehen in direktem Kontrast zu denen der, in der westlichen Welt bekannten, antiken Historiker und modernen Wissenschaft.

Rainer Stadelmann stellt zwar fest, dass Al-makrizi „sehr objektiv vor allem die Fehlschläge der Schatzsucher von dem Kalifen Ma'mun bis in seine Zeit berichtet", weist aber auch auf die beliebten Phantastereien

---

[2] Mit der Eroberung Ägyptens 969 durch den Feldherrn des fatimidischen Kalifen, Gohar begann die sog. Fatimidenzeit, die bis zum Sturz der Fatimiden 1171 andauerte.

des frühen islamischen Mittelalters hin.

Beim lesen des folgenden „Pyramidenkapitels“ sollte sich der Leser also über die arabische Vorliebe einer „blumigen Ausdrucksweise“ bewusst sein, und das gelesene kritisch hinterfragen. Auf der anderen Seite jedoch sind viele Fragen, die die Pyramiden betreffen, immer noch nicht gelöst und warten auf (noch) unbekannte Antworten.

Bericht über die Pyramiden

Wisse, dass die Pyramiden in Ägypten sehr zahlreich waren: in der Gegend von Būṣīr gibt, es eine Menge von ihnen[3]; davon sind einige groß, andere klein, einige bestehen aus Lehm und Ziegeln, die meisten jedoch aus Stein: eine von ihnen ist stufenförmig gebaut, die meisten, aber laufen nach oben spitz zu und haben eine ganz glatte Oberfläche. Bei al-Ǧīza, gegenüber der Stadt Miṣr[4], standen viele Pyramiden, die sämtlich nur klein waren; sie wurden zur Zeit des Sultans Ṣalāẖ ad-Dīn Jūsuf b. Aijūb durch Karākūš[5] verstört. Er verwendete sie, um das Bergschloss sowie die Mauer, die al-Ḳāhira und Miṣr umgibt, und die Brücken bei al-Ǧīza zu bauen.

Die größten Pyramiden sind die drei, die bis auf den heutigen Tag gegenüber von Miṣr stehen. Die Leute sind sich über die Zeit ihrer Erbauung, über den Namen des Erbauers und die Ursache ihrer Erbauung nicht einig und haben die verschiedensten Meinungen geäußert, die aber meist verkehrt sind. Ich will nun von der Kunde hierüber das erzählen, was zufrieden stellt und genügt, wenn Gott, der Erhabene, will.

Der Lehrer Ibrāhīm b. Waṣīf Šāh al-Kātib sagt, in den „Nachrichten von Ägypten und seinen Wundern", da, wo er von Saurīd erzählt, dem Sohne des Sahlūḳ, des Sohnes des Širbāḳ, des Sohnes des Tūmīdūn, des

---

[3] Es müssen die Pyramiden gemeint sein, die heutzutage als die Pyramiden von Saḳḳāra bezeichnet werden. Cf. Baedeker, Ägypten, S.134 ff. und du Sacy, ' Abd-allatif, S. 206. Anm. 2.

[4] Das heutige Kairo

[5] Über ihn vgl. Mission archéologique au Caire, VI, 417 ff.

Sohnes des Tadrasān, des Sohnes des Hūṣāl, einem der Könige Ägyptens vor der Sintflut, die ihren Sitz in der Stadt Amsūs hatten, über welche an der Stelle, wo in diesem Buche die Städte Ägyptens behandelt werden, gesprochen werden wird[6]:

Er war der Erbauer der beiden großen Pyramiden bei Miṣr, die man dem Šaddād b. ʼĀd zuschreibt; die Kopten bestreiten aber im Hinblick auf die Macht ihrer Zauberei, dass die ʼAditen in ihr Land eingedrungen seien. — Die Ursache der Erbauung der beiden Pyramiden war, dass 300 Jahre vor der Sintflut Saurīd folgenden Traum hatte: Die Erde kehrte sich mit ihren Bewohnern um, die Menschen flüchteten in blinder Hast, und die Sterne fielen herab, und einer (sc. Stern) stieß gegen den andern unter grauenhaftem Krachen.

Dies erfüllte ihn mit Kummer, und er erzählte niemandem davon. Er erkannte aber, dass in der Welt etwas von Bedeutung eintreten werde. Darauf träumte er einige Tage später: Die Fixsterne stiegen in der Gestalt weißer Vögel zur Erde nieder, entführten die Menschen und schleuderten sie zwischen zwei große Berge; die beiden Berge deckten sich über sie und die leuchtenden Sterne wurden finster und dunkel.

Da erwachte er voll Schrecken und begab sich in den Sonnentempel, wo er sich demütigte, seine Wangen im Staube wälzte und weinte. Am Morgen versammelte er sodann die Obersten seiner Wahrsager aus allen Provinzen Ägyptens — es waren ihrer 130 —, zog sich mit ihnen zu geheimer Besprechung zurück und erzählte ihnen seine beiden Träume. Da deuteten sie sie dahin, dass ein bedeutungsvolles Ereignis in der Welt eintreten werde.

Der Obere der Wahrsager aber — er hieß Philemon — sprach: „Die

[6] Cf. k, S.129.

Träume der Könige sind wegen der Größe ihrer Macht nicht ohne Sinn, ich will dem König von einem Traum berichten, den ich vor einem Jahre gehabt, aber noch niemandem erzählt habe. Mir träumte:
Ich saß mit dem Könige mitten auf dem Turm, der zu Amsūs steht. Da senkte sich das Himmelsgewölbe herab, bis es unsern Köpfen nahe kam und sich über uns befand, wie wenn uns eine Kuppel umschlösse. Der König hob seine Hände zum Himmel empor, die Sterne aber hatten sich in mannigfaltigen und verschiedenartigen Gestalten auf uns gestürzt. Und es flohen die Leute voll Schrecken nach dem Schloss des Königs, ihn um Hilfe bittend; und er erhob seine Hände bis zur Höhe seines Hauptes und befahl mir ein Gleiches zu tun. Wir waren in gewaltiger Furcht befangen, da plötzlich sahen wir den Himmel an einer Stelle sich öffnen, ein strahlendes Licht trat hervor, und die Sonne ging über uns auf. Da flehten wir zu ihr um Hilfe, und sie sprach zu uns: „Das Himmelsgewölbe wird an seinen alten Ort zurückkehren!“ Da erwachte ich voll Schrecken. Dann schlief ich wieder ein und träumte:
Die Stadt Amsūs kehrte sich mit ihren Bewohnern um, wobei die Götzenbilder auf ihre Köpfe fielen, und Männer stiegen vom Himmel herab, die eiserne Keulen in den Händen trugen und damit auf die Menschen einhieben. Als ich sie fragte: „Warum tut ihr solches mit den Menschen?“, antworteten sie: „Weil sie nicht an ihren Gott geglaubt haben“. Da frug ich: „So ist gar keine Rettung für sie geblieben?“, worauf sie erwiderten: „Doch, wenn einer gerettet werden will, so möge er sich an den Herrn des Schiffes halten!“ Da erwachte ich voll Schrecken.
Der König sagte darauf: „Nehmt die Höhe der Sterne und sehet, ob etwas Neues sich begeben wird!“ — und sie taten ihr Äußerstes, die

Sache gründlich zu behandeln, und berichteten, die Sintflut werde kommen und danach ein Feuer, das aus dem Sternbild des Löwen hervorkommen werde, um die Welt zu verbrennen. Da befahl der König: „Sehet nach, ob dieses Unheil unser Land treffen wird!“ — Sie antworteten: „Ja! Die Sintflut wird über seinen größten Teil kommen, und es wird von einer Verwüstung betroffen werden, die mehrere Jahre bleiben wird“. Da sagte er: „Dann sehet nach, ob es wieder blühen wird, wie vorher, oder ob er immer von Wasser überschwemmt bleiben wird!“ Sie erwiderten: „Nein, unser Land wird wieder werden, wie es vorher war, und wird blühen!“" — „Und was wird dann sein?" --- „Ein König wird in das Land eindringen, der seine Bewohner töten und sich seiner Habe bemächtigen wird-. --- „Und was wird dann sein? — „Ein missgestaltetes Volk wird von der Gegend des Nils[7] her eindringen und den größten Teil des Landes beherrschen". — „Und was wird dann sein?" — „Der Nil wird versiegen und das Land von Bewohnern leer werden".

Da befahl er die Pyramiden zu bauen und Kanäle für sie (?) herzustellen, durch die der Nil selbst zu einem bestimmten Ort gelangen und dann nach gewissen Punkten im Westlande und in Oberägypten fließen sollte; auch füllte er sie an mit Talismanen, Wundern, Schätzen, Götzenbildern und mit den Leichnamen ihrer Könige, und nach seinem Befehl an die Wahrsager verzeichneten diese darauf alles, was die Weisen gesagt hatten; es wurden an den Pyramiden und an ihren Decken, Wänden und Säulen alle Geheimwissenschaften, die die Ägypter für sich in Anspruch

[7] = von der Gegend der „Nilquellen“ her — Nach k und B (s. Text, S.4, Anm.7) wäre zu übersetzen: von der Gegend des „Nilgebirges“ her.

nehmen, aufgezeichnet und die Bilder aller Gestirne darangemalt, auch wurden die Namen der Heilmittel verzeichne!., sowie deren Nutzen und Schaden, dazu die Wissenschaft der Talismane, die der Arithmetik und der Geometrie und überhaupt ihre sämtlichen Wissenschaften, deutbar für den, der ihre Schrift und ihre Sprache kennt.

Als er die Erbauung der Pyramiden begann, ließ er mächtige Säulen aushauen, gewaltige Steinplatten hinbreiten, Blei aus dem Westlande holen und Felsblöcke aus der Gegend von Assuan herbeischaffen. Damit erbaute er das Fundament der drei Pyramiden: der östlichen, der westlichen und der farbigen[8]. Sie hatten beschriebene Blätter, und wenn der Stein herausgehauen und seine sachgemäße Bearbeitung erledigt war, so legten sie jene Blätter darauf, gaben ihm einen Stoß, und bewegten ihn durch diesen Stoß um 100 Sahm[9] fort; dann wiederholten sie dies, bis der Stein zu den Pyramiden gelangte.

Die Steinplatte aber breiteten sie hin, brachten in einem Loch in ihrer Mitte eine aufrechtstehende eiserne Achse an, legten dann eine andere, (gleichfalls) in der Mitte durchbohrte Platte darauf und ließen die Achse in diese hineingleiten. Darauf ließen sie Blei schmelzen und gössen es auf die Achse und rings um die Platte herum, symmetrisch und kunstgerecht, bis sie ganz vollkommen war.

40 Ellen unter der Erde ließ er Tore für die Pyramiden anbringen. Das Tor der östlichen Pyramide lag auf der Ostseite, 100 Ellen von der Mitte der Pyramidenwand entfernt, das der westlichen auf der Westseite, gleichfalls 100 Ellen von der Mitte der Pyramidenwand entfernt, das Tor

---

[8] S. Baedeker, Ägypten S.121.

[9] 1 Sahm = 6 Ellen

der farbigen Pyramide auf der Südseite, ebenfalls 100 Ellen von der Mitte der Pyramidenwand entfernt. Wenn man hinter dieser Strecke gräbt, so gelangt man zu der Pforte des gewölbten Ganges, der als Eingang zum Pyramidentor gebaut ist.
Jeder Pyramide gab er eine Höhe über der Erde von 100 Ellen nach der königlichen Elle, d.h. nach ihrer Elle; nach unserer jetzigen Elle sind es 500 Ellen, — und eine Seitenlange (an der Basis) von 100 Ellen nach ihrer Elle. Darauf ließ er sie auf allen Seiten symmetrisch so zurichten, dass ihr Gipfel von ihrer äußersten Höhe (500 Ellen) auf 300 Ellen (Höhe) nach unserer Elle eingeschränkt wurde.
Sie begannen den Bau der Pyramiden unter einem günstigen Gestirn, über das sie sich geeinigt und das sie sich erwählt hatten; und als sie vollendet waren, ließ er sie von oben bis unten mit farbigem Brokat bekleiden und veranstaltete ihnen zu Ehren ein Fest, an dem alle Bewohner seines Reiches teilnahmen.
Darauf ließ er in der westlichen Pyramide 30 Schatzkammern aus farbigem Granit anlegen; die wurden angefüllt mit reichen Schätzen, mit Geraten und Bildsäulen aus kostbaren Edelsteinen, mit Geräten aus vortrefflichem Eisen, wie Waffen, die nicht rosten, mit Glas, das sich zusammenfalten lässt, ohne zu zerbrechen, mit seltsamen Talismanen, mit den verschiedenen Arten der einfachen und der zusammengesetzten Heilmittel und mit tödlichen Giften.
In der östlichen Pyramide ließ er die verschiedenen Himmelsgewölbe und die Planeten darstellen sowie an Bildern anfertigen, was seine Vorfahren hatten schaffen lassen; dazu kam Weihrauch, den man den Sternen opferte, und Bücher über diese. Auch findet man dort die Fixsterne und das, was sich in ihren Perioden von Zeit zu Zeit begibt,

und die im Hinblick auf sie eingeführten Epochen dargestellt, sowie die Ereignisse der Vergangenheit, die Zeiten, zu denen man die zukünftigen Geschehnisse erwartet, und alle Herrscher Ägyptens bis ans Ende der Zeiten. Außerdem ließ er dort Gefäße aufstellen, in denen sich Arzneitränke und ähnliches derart befand.

In die farbige Pyramide endlich ließ er die Leichname der Wahrsager in Särgen aus schwarzem Granit bringen; neben jedem Wahrsager lag ein Buch, in dem seine wunderbaren Künste und Werke, sein Lebenslauf, was er zu seiner Zeit verrichtet hatte, und was vom Anfang bis zum Ende der Zeiten war und sein wird, beschrieben war. An den Wänden ließ er auf jeder Seite Götzen darstellen, die mit ihren Händen alle Fertigkeiten verrichteten, nach ihrem Rang und ihrer Macht geordnet; dazu kam eine Beschreibung jeder Fertigkeit, sowie der Art ihrer Ausführung und dessen, was sich dafür brauchen lässt. Auch gab es keine Wissenschaft, die er nicht niederschreiben und aufzeichnen ließ. Außerdem ließ er dorthin die Schätze der Gestirne, die diesen als Geschenke dargebracht worden waren, sowie die Schätze der Weissager schaffen, und diese bildeten eine gewaltige und unzählbare Menge.

Einer jeden Pyramide bestellte er einen Schatzhüter. Der Hüter der westlichen Pyramide war ein Götze aus verschiedenfarbig gestreiftem Granit; er stand aufrecht und hatte eine Art, Wurfspieß bei sich; um sein Haupt hatte er eine Schlange gewunden, die stürzte sich auf jeden, der sich ihm näherte, ringelte sich um seinen Hals und tötete ihn, dann kehrte sie wieder an ihren Platz zurück. Zum Hüter der östlichen Pyramide machte er einen Götzen aus schwarz, und weiß gestreiftem Onyx. Der hatte weit geöffnete, blitzende Augen, saß auf einem Thronsessel und hatte einen Wurfspieß bei sich. Wer ihn anschaute, der vernahm von ihm her einen Laut, der ihn mit Entsetzen erfüllte; dann fiel er nieder auf sein Antlitz und vermochte nicht, sich zu entfernen, bis er schließlich den Geist aufgab. Zum Hüter der farbigen Pyramide machte er einen Götzen aus „baht“[10] auf einem Sockel aus dem gleichen Stein. Jeden, der ihn anschaute, zog er an sich heran, bis er fest an ihm haftete und sich nicht loszureißen vermochte und schließlich den Geist aufgab.

Als der König dies alles vollendet hatte, ließ er durch körperlose Geister den Zutritt zu den Pyramiden verwehren und brachte ihnen Opfer dar, damit sie jeden Eindringling von sich fern hielten, ausgenommen die, welche die Zeremonien verrichteten, deren es bedurfte, um hineinzugelangen.

Die Kopten berichten in ihren Schriften, es finde sich auf den Pyramiden eine Inschrift eingemeißelt, die in arabischer Übersetzung lautet: „Ich, Saurīd, der König, habe diese Pyramiden zu der und der Zeit erbaut, und ich habe ihre Erbauung in 6 Jahren vollendet: wer nach mir kommt und meint, er sei ein König wie ich, der möge sie in 600 Jahren zerstören; und es ist bekannt, dass Zerstören leichter ist als Bauen. Auch habe ich sie, als sie fertig waren, mit Brokat Überzogen, möge er sie mit Matten bekleiden!" Als man nachsah, ward man inne, dass nichts in der langen Reihe der Jahre sie zerstören könne.

Nach dem, was die Kopten in ihren Schriften erzählen, war der Geist der nördlichen Pyramide ein bartloser Jüngling von gelber Hautfarbe und völlig nackt, dessen Mund gewaltige Eckzähne aufwies; der Geist der südlichen Pyramide war ein nacktes, seine Scham unverhüllt zeigendes Weib von großer Schönheit, dessen Mund gleichfalls gewaltige

[10] S. Dozy, Suppl. I, S. 121.

Eckzähne aufwies. Erblickte sie einen Menschen, so bezauberte sie ihn, lächelte ihm zu, bis er sich ihr näherte, und beraubte ihn dann seiner Vernunft. Der Geist der farbigen Pyramide war ein Greis, der eine Räucherpfanne, wie man sie in den christlichen Kirchen verwendet, in der Hand hielt und Weihrauch darin verbrannte. Gar mancher hat diese Geister des Öfteren erblickt, wie sie in der Mittagsstunde oder bei Sonnenuntergang die Pyramiden umkreisten.

Als Saurīd gestorben war, wurde er in einer Pyramide begraben, mit ihm sein Besitz und seine Schätze. Die Kopten sagen, er sei der gewesen, der die Tempel erbaute, Schätze in ihnen barg, an ihren Wänden Wissenschaften aufzeichnen ließ und ihre Bewachung Geistern anvertraute, die sie vor jedem Eindringling schützen mussten.

Was die Pyramiden von Dahšūr anlangt, so soll Šadāṯ b.'Aḏīm sie aus Steinen erbaut haben, die zur Zeit seines Vaters gebrochen worden waren; von diesem Šadāṯ behaupten einige, er sei identisch mit Šaddād b. 'Ād.

Die, welche bestreiten, dass die 'Āditen in Ägypten eingedrungen seien, sagen, man habe anstatt des Namens Šadāṯ b.'Aḏīm irrtümlicherweise Šadāṯ b.'Aḏ gesagt, weil dieser sehr häufig, Šadāṯ b.'Aḏīm dagegen sehr selten in ihrer Rede vorkommt. Auch wenn dies nicht zutrifft, so hat doch nie ein König vermocht, in Ägypten einzudringen und seine Bewohner zu unterwerfen, außer Nebukadnezar.

Abū 'l – Ḥasan al – Mas'ūdī erzählt in seinem Werk: „Geschichte der Zeit und derer, die die Ereignisse dahinrafften", dass der Kalif 'Abdallāh al – Ma'mūn, der Sohn Hārūn ar – Rašīd's als er nach Ägypten kam und die Pyramiden besuchte, den Wunsch hegte eine von ihnen zu zerstören, damit er wisse, was ihr Inneres berge. Man sagte ihm: „Das steht nicht in Deiner Macht!", doch er erwiderte: „Sie soll auf jeden Fall an irgend einer Stelle geöffnet werden!" Da stellte man für ihn die noch heutigen Tages vorhandene Öffnung her; dazu brauchte man Feuer, Essig und eiserne Brechstangen, und Schmiede mussten sich daran abmühen, so dass er große Summen darauf verwendete. Man fand, dass die Dicke der Mauer annähernd 20 Ellen betrug, und als man ans Ende der Mauer gelangt war, entdeckt man hinter dem Eingangsstollen ein Gefäß von grüner Farbe, in dem sich gemünztes Gold befand; jeder Dinar davon wog 1 Ūḳīja (oder Unze) und die Zahl der Dinare belief sich auf 1000. Da begann sich al – Ma'mūn über dieses Gold und über seine Vorzüglichkeit zu verwundern. Dann ließ er zusammenrechnen, was er für die Herstellung der Bresche verausgabt hatte, und es ergab sich, dass die Summe des gefundenen Goldes ganz genau jenen Ausgaben gleichkam. Da geriet er in großes Erstaunen darüber, dass sie gewusst, was er ausgeben werde, und die genau entsprechende Summe an dem Orte hinterlassen hatten. Das Gefäß aber, in dem man das Gold fand, soll aus Chrysolith gewesen sein, und es wurde auf Befehl al-Ma'mün's nach seinen Schatzkammern gebracht; danach ließ er nichts mehr von den Wundern Ägyptens wegschaffen.

Zwei Jahre hindurch ließen die Leute nicht davon ab, die Pyramide aufzusuchen und durch den schlüpfrigen Gang darin in sie hinabzusteigen: manche blieben dabei wohlbehalten, andere kamen um. Es einigten sich nun 20 Jünglinge, in die Pyramide einzudringen, und rüsteten zu diesem Zwecke, was sie an Speisen, Getränken, Stricken und Kerzen und ähnlichem derart brauchten; sie stiegen den schlüpfrigen Gang hinab, wo sie Fledermäuse sahen, die Adlern zu vergleichen waren und ihnen ins Gesicht fuhren, und als sie dann einen aus ihrer Mitte mit

Stricken hinabgelassen hatten, schloss sich der "Boden über ihm. Da bemühten sie sich, ihn wieder heraufzuziehen, schließlich aber erlahmten ihre Kräfte bei der Arbeit, sie vernahmen einen entsetzenerregenden Laut und verloren das Bewusstsein. Als sie sich wieder erhoben hatten, verließen sie die Pyramide, und während sie voll Verwunderung über ihr Erlebnis dasaßen, trat plötzlich ihr Gefährte aus der Erde heraus lebend vor sie hin und sprach einige ihnen unverständliche Worte, danach fiel er tot um. Als sie ihn nun forttrugen, wurden sie von den Wächtern ergriffen und zum Statthalter gebracht. Dem erzählten sie ihre Geschichte und suchten dann Auskunft über die Worte, die ihr Gefährte vor seinem Tode gesprochen hatte. Es wurde ihnen gesagt, ihre Bedeutung sei: „So wird bestraft, wer nach dem trachtet, was nicht sein ist". Der Mann, der ihnen diese Deutung gab, war aus Oberägypten.

Der Arzt 'Alī b. Ridwān sagt:

Als ich über die Erbauung der Pyramiden nachdachte, ergab sich aus der Wissenschaft der praktischen Geometrie und der Gesetze, die für das Emporschaffen schwerer Lasten gelten, mit Notwendigkeit, dass man den Plan einer viereckigen Fläche entworfen, dass man die Steine durch Bebauen zu „männlichen" und „weiblichen" gestaltet und sie mit Gips, der am Meer gewonnen war, aneinandergefügt hat, bis sich der Bau so hoch erhob, wie ein Emporschaffen schwerer Lasten möglich war. Je höher man kam, desto schmaler ließ man den Bau werden, so dass die dem untersten Viereck parallele Oberfläche (der ersten Schicht) ein kleineres Viereck darstellte, als das untere Viereck. Dann schufen sie auf der oberen viereckigen Fläche ein Viereck, das so viel kleiner war (als diese Fläche), dass am Rande Raum verblieb, wohin die schweren

Lasten emporgeschafft werden konnten. So oft sie nun einen kunstgemäß zugerichteten Stein herauf brachten, fügten sie ihn — immer je einen männlichen und einen weiblichen — an, bis sie zu einer Höhe gelangten, die der der ersten Schicht entsprach. So fuhren sie fort, bis sie eine Grenze erreichten, über die hinaus es nicht mehr möglich war; da machten sie Halt und glätteten durch Behauen, indem sie von oben nach unten stiegen, die vorspringenden Seiten, in denen sie Einschnitte angebracht hatten, um die schweren Lasten heraufzuschaffen. Das Ganze wurde eine Pyramide.

Jede Seite (der Basis) der ersten Pyramide misst nach der Elle, mit der heutzutage in Ägypten die Bauten gemessen werden, 400 Ellen; das sind nach der schwarzen Elle, deren Länge 24 Finger beträgt, 500 Ellen. Die Basis wird nämlich von einem Viereck mit gleichen Winkeln und Seiten gebildet; 2 Seiten liegen parallel zur Mittagslinie und zwei parallel zur Ost- Westlinie. Jede Seite ist nach der schwarzen Elle 500 Ellen lang. Die Gerade, welche von der Spitze der Pyramide nach der Mitte der Seite des (Basis-) Viereckes führt, misst 470 Ellen; wenn man die Pyramide vervollständigt, also gleichfalls 500 Ellen.

Die Pyramide wird von 4 Dreiecken und einem Viereck umschlossen; jedes dieser Dreiecke ist gleichschenklig und jeder Schenkel misst, wenn man die Pyramide vervollständigt, 560 Ellen. Die Spitzen der 4 Dreiecke treffen sich in einem Punkte; das ist die Spitze der Pyramide, wenn man sie vervollständigt. Ihre Vertikallinie misst notwendigerweise 430 Ellen; auf dieser Linie liegen die Mittelpunkte ihrer Schweren. Der Flächengehalt jedes der Dreiecke beträgt 125000 (Quadrat-) Ellen; addiert man die Flächengehalte, so ergeben sich für diese Pyramide als Summe des Inhaltes der Oberfläche 500000 (Quadrat-) Ellen (nach der schwarzen Elle). Ich glaube nicht, dass es auf Erden einen gewaltigeren, trefflicher angelegten und höheren Bau gibt, doch Gott weiß es am besten!

Diese[11] Pyramide ließ al – Ma'mūn an einer Stelle öffnen; drinnen fand man einen schlüpfrigen Gang, der zu einer viereckigen, würfelförmigen Kammer emporführte, in deren Mitte ein Marmorsarg stand; er befindet sich noch heutigen Tages dort, niemand hat vermocht, ihn von seinem Platze herunterzubringen.

Daher[12] hat auch Galenus berichtet, die Pyramiden seien Gräber. Er sagt nämlich in seinem Werke über „die Regelung der Gesundheit" am Ende des 5. Buches folgendes: „Wenn sich einer in diesem Alter befindet, so nennen sie ihn „harim" (altersschwach); dies Wort leitet sich her von ahrām (Pyramiden), denn dorthin werden sie in Bälde kommen".

Al -Ḥauḳalī[13] sagt bei der Beschreibung Ägyptens: Dort stehen die beiden Pyramiden, denen auf der ganzen Erde nichts gleichkommt, weder in dem Reiche eines Gläubigen, noch in dem Reiche eines Ungläubigen, etwas Ähnliches ist nie sonst geschaffen worden und wird nie wieder geschaffen werden. Einer der 'Abbāsiden las auf der einen folgende Inschrift: „Ich habe sie beide erbaut; wer als ein mächtiger Herrscher gelten will, der möge sie zerstören, und Zerstören ist leichter als Bauen!" Er plante, das zu tun — ich glaube, es war al – Ma'mūn oder al – Mu'taṣim —, aber es stellte sich heraus, dass der damalige

---

[11] Cf. de Racy, 'Abdall.. S. 292.

[12] Cf. de Sacy, 'Abdall., S. 292 u. 298, der aber falsch haram für harim hat.

[13] Cf. de Sacy's Übersetzung dieses Abschnittes im „Magasin encyclopédique", VIIe année, tome VI, S, 70ff.

Betrag der ägyptischen Steuern dafür nicht ausreichen würde. Zu seiner Zeit beliefen sich die Steuern bei der Gerechtigkeit, mit der sie eingetrieben wurden, und dem Bestreben, die Untertanen milde zu behandeln und billig zu verfahren, doch auf 4 Millionen und 257000 Dinare, wenn der Nil eine Höhe von 17 Ellen und 10 Fingern erreicht hatte; auf jeden Faddān kam eine Einnahme von 2 Dinaren. — Da ließ er die Sache fallen und kam nicht wieder darauf zurück.

An der Grenze des Gebietes von al - Fusṭāṭ, auf dem Westufer des Niles, erblickt man eine große Zahl gewaltiger Bauwerke, die sich im übrigen Oberägypten ausbreiten; man nennt sie „Pyramiden", doch sie sind mit den beiden Pyramiden, die gegenüber von al - Fusṭāṭ, 2 Parasangen von der Stadt entfernt, liegen, nicht zu vergleichen. Diese sind beide 400 Ellen hoch und ebenso breit: bei beiden haben als Baumaterial Kaddān-Steine[14] gedient, von denen jeder eine Höhe, Länge und Breite von 10 bis zu 8 Ellen besitzt, entsprechend der Notwendigkeit, sie in größerem, und kleinerem Format anzubringen; dies erfordert die ägyptische Geometrie; denn die beiden Pyramiden werden nach oben zu immer schmaler, so dass der Gipfel bei beiden gerade soviel Raum bietet, dass ein Kamel dort niederknien kann. Ihre Wände sind mit griechischer Schrift bedeckt. Einige berichten, sie seien Gräber, doch sind sie nicht derartiges ; vielmehr sah sich ihr Erbauer nur deshalb dazu veranlasst sie zu errichten, weil er voraussah, dass durch die Sintflut alles auf Erden vernichtet werden würde, was nicht Schutz in solchen Bauwerken fände; und er barg seine Schätze und seinen Besitz in ihnen. Dann brach die Sintflut herein, und als sie sich verlaufen hatte, kam der Inhalt der

---

[14] S. Dozy, Suppl.II. S. 450.

Pyramiden an Bīṣīr[15], den Sohn Miṣrājim's, des Sohnes Harns, des Sohnes Noahs. Einige der späteren Könige brachten in ihnen ihre Kornspeicher unter. Und Gott weiß es am besten!

Ja'ḳūb Muḥammad b. Isḥāḳ an – Nadīm al – Warrāḳ[16] sagt im „Katalogbuche" bei der Erwähnung des babylonischen Hermes[17]:

Die Angaben über ihn gehen auseinander. Es heißt, er sei einer der 7 Torwächter gewesen, die zur Hut der 7 (Planeten-) Häuser bestellt waren, und habe die Verordnungen des 'Uṭārid (Merkur) zu erfüllen gehabt, nach dessen Namen er auch benannt worden sei; denn 'Uṭārid bedeutet in der Sprache der Chaldäer „Hermes". Nach anderen wanderte er aus irgendwelchen Gründen nach Ägypten aus und beherrschte das Land als König; er hatte mehrere Söhne, unter denen sich Ṯā, Ṣā, Ašmun, Atrīb und Ḳift, befanden und war der Weise seiner Zeit. Nach seinem Tode ward er in dem Bau begraben, den man bei der Stadt Miṣr unter dem Namen „Abū Hirmīs" kennt, und der der Menge als „die beiden Pyramiden" bekannt ist. Die eine davon ist sein Grab und die andere das Grab seiner Gemahlin, oder, wie es auch heißt, das seines Sohnes, der nach seinem Hinscheiden sein Nachfolger wurde.

Diese Bauten (die Pyramiden) haben eine Länge von 480 Ellen, (an der

---

[15] Sonst (s. Text) auch Bīṣar; bei Sacy (S.72) Bansar; Nachkommen Miṣrājim's in Genesis 10, 14 (?).

[16] Zum Namen vgl. Fihr. I, S. XI; ef. die Übersetzung dieser Stelle bei Chwolson, Die Ssabier. I, S. 78Sf.

[17] = babylon. Nabū (ef. KAT S. 401 und Jastrow. Religion of Babylonia and Assyria, Boston 1898, S. 371).

Basis) nach der haschimitischen[18] Elle bei einer Grundausdehnung von 480 Ellen. Der Bau wird dann immer schmaler, und wenn man oben anlangt, so ist die Plattform 40 Ellen lang und 40 Ellen breit. Das hängt mit den Gesetzen der Geometrie zusammen. In der Mitte dieser Plattform befindet sich ein zierlicher, gewölbter Bau; mitten darin steht etwas wie ein Sarkophag. Zu Häupten desselben erheben sich 2 Felsblöcke in vollendeter Sauberkeit und Schönheit, und reichen Farben. Auf jedem gewahrt man eine steinerne Statue; die eine stellt einen Mann, die andere eine Frau dar: die beiden stehen sich Äug' in Äug' gegenüber, der Mann hält eine beschriebene Tafel in der Hand, die Frau einen Spiegel[19], dessen Rahmen aus Gobi besteht, das ein Meißel ziseliert hat. Zwischen den beiden Blöcken steht ein steinernes Gefäß, das mit einem goldenen Deckel verschlossen war. Als man den entfernte, entdeckte man darin eine Art geruchloses, eingetrocknetes Pech und ein goldenes Kästchen; in diesem fand man beim Offnen frisches Blut, das aber, als es von der Luft getroffen wurde, gerann, wie Blut zu gerinnen pflegt, und eintrocknete. Auf dem Sarge[20] lagen steinerne Deckel, nach deren Beseitigung man einen schlummernden Mann erblickte, der auf seinem Hinterkopf lag. Er war vollkommen wohlerhalten und trocken, seine Leibesbeschaffenheit war deutlich zu erkennen und sein Haar noch wohl sichtbar. An seiner Seite ruhte ein Weib, das den gleichen Anblick bot.

---

[18] Cf. Glossar zu Mas'ūdī, Tanbīh (ed. De Goeje) S. XXII.

[19] Nach dem Original (s. Anm. 4 auf S. 15 des Textes) wäre, zu übersetzen: „. . . . einen Spiegel und ein Werkzeug aus Gold, das einem Meißel gleicht".

[20] S. Text, S. 15, Anm. 13.

Jene Plattform hat eine Vertiefung, die etwa in Mannshöhe hinabgeht und .... ; sie ist gewölbt (?) und besteht aus Steinen, auf denen man teils liegende, teils stehende Gestalten und Bilder, und anderes, nämlich Gerät von unbekannter Form, erblickt.

Der große Gelehrte Muwaffaḳ ad – 'Abd al – Laṭīf b. Abī'l-'Izz Jūsuf b. 'Abī 'l – Barakāt Muḥammad b. 'Alī b. Abī Sa'īd[21] aus Bagdad, der unter dem Namen „ Ibn al - Muṭaḥḥin"[22] bekannt ist, sagt in seiner Autobiographie: Es kam da ein unwissender Ausländer und spiegelte dem al - Malik al – 'azīz 'Utmān, dem Sohne des Ṣalāḥ ad – dīn Jūsuf vor, unter der kleinen Pyramide seien Schatze zu vermuten. Daraufhin schickte dieser Steinmetzen und den größten Teil des Heeres dorthin; und sie begannen mit der Zerstörung und arbeiteten Monate lang daran. Dann ließen sie infolge von Unfähigkeit die Sache auszuführen und von offensichtlichem Versagen in finanzieller und geistiger Hinsicht, davon ab. Wer die Steine der Pyramide (d. h. die Steine, die bei dieser Gelegenheit aus der Pyramide herausgebrochen wurden) sieht, meint, die Pyramide müsse in Grund und Boden zerstört sein; wer aber die Pyramide selbst sieht, entdeckt an ihr nur unerhebliche Schäden.

Und ich begab mich zu den Steinmetzen und sagte zu ihrem Obersten: „Vermögt ihr wohl den Bau so wiederherzustellen, wie er vorher war?" — Er erwiderte mir: „Wenn uns der Sultan für jeden Stein 1000 Dinare schenkte, wir würden' s nicht können!" —

Abū 'l – Ḥasan al – Mas'ūdī[23] - sagt in seinem Buche „Die goldenen

---

[21] Bei Mousley, Abdollatiphi Bagdadensis vita auctore Ibn Abi Oseiba (Oxonii 1808) S. 2

[22] Mousley ibid.

[23] Cf. Mas'ūdī, II, S. 404 f.; de Sacy, Abdall., S. 221.

Wiesen" : Die Höhe der Pyramiden ist bedeutend und ihr Bau erregt Staunen. Sie sind mit allerlei Inschriften bedeckt, die in den Charakteren vergangener Völker und verschollener Reiche geschrieben sind; es ist unbekannt, was diese Schrift ist und was sie bedeutet. Diejenigen, welche sich mit der Bestimmung des Ellenmaßes der Pyramiden beschäftigt haben, erklären, dass sich die große Pyramide in einer Höhe von ca. 400 Ellen oder mehr über der Erde erhebt; und so oft . . . . .[24] die Pyramide besteigt, wird dies festgestellt (?) In die Breite misst sie (an der Basis) das, was wir vorher angaben (400 Ellen).

Auf den Pyramiden findet man Wissenschaften, besondere (verborgene) Eigenschaften (der Pflanzen usf.), Zauberei und die Geheimnisse der Natur graphisch dargestellt.

Eine der Inschriften! lautet: „Wir haben sie (die Pyramiden) erbaut; wer den Anspruch erhebt, ein Fürst wie wir zu sein, und sich des Besitzes der grüßten Macht und höchsten Herrschergewalt rühmt, der zerstöre sie und tilge ihre Spur! Und zerstören ist leichter als Hauen, Auseinanderreißen bequemer als Zusammenfügen!"

Man erzählt auch, dass ein Herrscher des Islam eine der Pyramiden zu zerstören begann, es stellte sich aber heraus, dass der Betrag der Steuern Ägyptens nicht genügt, um diese Bauten aus Stein und Marmor zu beseitigen.

Es[25] sind Königsgräber; wenn nämlich der König bei ihnen starb, so bettete man ihn in eine steinerne Mulde, die in Ägypten und Syrien ǧrwn[26] genannt wird, und verschloss diese über ihm mit einem Deckel.

---

[24] Keine genaue Übersetzen möglich

[25] Cf. Mas'ūdī, II, S.379 f.

[26] Cf. Dozy, Suppl. I, S. 189. Oder sollte hier etwa die „unbestimmte

Dann baute man das Fundament so hoch, wie man es wünschte, trug die Wanne in die Mitte der Pyramide und wölbte drüber den Bau und die Gewölbe. Darauf führten sie die Pyramide zu dieser Höhe empor, die ihr seht[27]

Das Pyramidentor legte man unter der Pyramide an, grub in der Erde einen Zugang und baute ein längliches Gewölbe, dessen Lange unter der Erde 100 Ellen oder mehr betrug. Jede dieser Pyramiden hatte ein Tor, zu dem ein Eingang in der beschriebenen Weise führte.

Man pflegte die Pyramide stufenförmig, in Absätzen wie eine Treppe zu bauen. War sie dann vollendet, so glättete man sie durch Behauen von oben bis unten.

Dies war ihr kunstreiches Verfahren; daneben besaßen sie Kraft, Ausdauer und die Fähigkeit zu gehorchen.

Im Küche „Hinweis und Überblick" sagt derselbe: Die beiden Pyramiden, die westlich von Fusṭāṭ Miṣr liegen, gehören zu den Wunderbauten der Welt: beide messen 400 Ellen (in die Länge und in die Breite, an der Basis) und ihre Höhe beträgt ebensoviel. In beide sind gegen die 4 Winde gewaltige Steine eingebaut, jede ihrer Kanten stellt sich einem der Winde entgegen. Am mächtigsten wirkt auf beide der Südwind ein das ist der „Marīsī“[28].

Form" von aram. (s. Levy, Neuhebr.-chald. Wörterb. I, S. 437 und Fraenkel. Aram. Fw, S. 25), die g'rōn lauten könnte, vorliegen? (S.Dalman's Gramm. des jüd.-paläst. Aram., 2. Aufl. [1905], S. 143 f.)

[27] Barbier d. M. (Mas'. II ,S. 379) Sehr ungenau: „et l'on continuait à élever la voûte jusqu'à la hauteur que vous voyez“.

[28] S. Lane I, S. 2708 und de Sacy, 'Abdall., S. 6.

Die[29] eine von diesen beiden Pyramiden ist das Grab des Agathodaimon[30], die andere das Grab des Hermes. Zwischen beiden liegen etwa 1000 Jahre, Agathodaimon ist der Ältere. Die Einwohner Ägyptens, die Kopten, glaubten, bevor das Christentum bei ihnen erschien, die beiden seien Propheten, gemäß dem, was die Anschauungen der Ṣābier[31] hinsichtlich der Propheten forderten, nicht aber im Sinne der Inspirationslehre; nein, ihnen zufolge waren die Propheten vielmehr lautere, vom Schmutze dieser Welt gereinigte und gesäuberte Seelen, und es waren mit ihnen höhere Substanzen eins geworden, und sie verkündeten die Zukunft vorher und gaben von den Geheimnissen der Welt und andrem derart Kunde.

Allerlei jemenitische Araber meinen, dass in den beiden Pyramiden Šaddād b. 'Ād und ein andrer ihrer früheren Könige, die Ägypten in alter Zeit besiegten, begraben seien. Es waren das die Araber von reinem Blute, wie die Amalekiter und andere.

[Die übrigen Pyramiden][32] sind nach der Ansicht der oben erwähnten Ṣābier Gräber reiner Körper. —

Abū Zaid al - Balḫī erzählt: Es fand sich auf den Pyramiden eine Inschrift, in ihrer (der Ägypter) Schrift geschrieben. Man verstand sie, und sie lautete: „Diese beiden Pyramiden wurden gebaut, als der „fallende Geier“[33] sich im Zeichen des Krebses befand". Da rechneten

---

[29] Cf. Chwolson, Die Ssabier, U, 8. 604f.
[30] Cf. Chwolson, Die Ssabier. I, S. 792 f.
[31] So heißen „die Griechen und Kopten vor Annahme des Christentums, und die Perser vor Zoroaster" (cf. Glossar zum „Tanbīh“ ed. De Goeje, S. XXVIII)
[32] Vgl. im Text S. 19, Anm. 3.
[33] Im Sternbild „aš - Šaljāḳ" (= lyra). S. Lane I, S. 2789.
Leipz. Semitist. Studien: Graefe.

sie von diesem Zeitpunkt bis zur Hiğra des Propheten, und es ergaben sich 2 mal 36 000 Sonnenjahre (= 72000 Sonnenjahre).

Al - Hamdānī sagt in seinem Buche „Die Krone": Es fand sich unter den Städten, die zur Zeit der Überflutung unter dem Wasser waren, keine, in der etwas erhalten geblieben wäre, außer Nehāwend, infolge des Erbarmens, das ihm widerfuhr — es wurde gefunden, wie es noch ist, ohne dass es eine Veränderung erlitten hätte — und den Pyramiden in Oberägypten.

Abū 'Abdallāh Muḥammad b. 'Abd ar – Raḥīm al - Ḳaisī erzählt im „Geschenk an die Einsicht": Die Pyramiden als Ganzes sind vierseitig, während die einzelnen Seiten dreieckig sind. Ihre Zahl beläuft sich auf 18; gegenüber von Miṣr al - Fusṭāṭ liegen 3 Pyramiden. Die größte von ihnen hat einen Umfang von 2000 Ellen, wobei auf jede Seite 500 Ellen kommen, und eine Höhe von 500 Ellen. Jeder Stein der Pyramiden misst 30 Ellen bei einer Dicke von 10 Ellen und ist trefflich angefügt und bebauen. Hei der Stadt des Pharaos Josefs liegt eine Pyramide, die noch größer und gewaltiger ist, als diese. Ihr Umfang beträgt 3000 Ellen, ihre Höhe 700 Ellen. Sie besteht aus Steinen, deren jeder 50 Ellen misst. Bei der Stadt des Pharaos des Moses sind einige Pyramiden noch größer und gewaltiger, und eine andere Pyramide, die bekannt ist als die Pyramide von Maidūm, gleicht einem Berge. Sie besteht aus fünf Schichten.

Al – Ma'mūn hat die große Pyramide, die gegenüber von al - Fusṭāṭ liegt, geöffnet. Ich suchte ihr Inneres auf und erblickte ein großes gewölbtes Gemach, dessen Basis ein Viereck bildete, während es oben rund war. In der Mitte befand sich ein viereckiger Brunnenschacht von 10 Ellen Tiefe. Steigt man in ihm herab, so entdeckt man auf jeder seiner vier Seiten eine Pforte, die zu einem großen Raume führt, in dem

Leichnahme liegen, Söhne Adams. Sie sind mit einer großen Zahl von Leichentüchern bedeckt: auf jedem liegen mehr als 100 Tücher, die durch die lange Zeit morsch und schwarz geworden sind. Ihre Leiber gleichen den unsern, doch sind sie nicht von großer Statur. Von ihren Körpern und ihrem Haar ist nichts abgefallen: kein Greis, keiner, dessen Haar weiß ist, befindet sich unter ihnen. Ihre Körper sind kräftig gebaut; es ist völlig unmöglich eins ihrer Glieder zu entfernen. Aber sie haben sehr an Gewicht verloren, schließlich sind sie infolge der langen Zeit wie welke Blätter und sonstiger Abfall geworden.

In diesem Brunnenschacht sind 4 mit Leichnamen angefüllte Räume; es wimmelt dort übrigens von Fledermäusen.

Man pflegte auch alle Tiere in den Sandfeldern zu begraben. So fand ich eines Tages eine Menge zusammengewickelter Gewänder, die ein Bündel bildeten, das mehr als eine Elle maß. Diese Gewänder waren infolge ihres Alters ganz schwarz geworden. Ich entfernte sie, bis wohlerhaltene, starke Leinwandstücke von weißer Farbe, ähnlich wie Binden, zum Vorschein kamen, die mit roter Seide bestickt waren. Sie bargen einen toten Wiedehopf, von dessen Federn und von dessen Körper nichts abgefallen war, gerade als ob er erst im Augenblick gestorben wäre. In dem gewölbten Gemach, das sich in der Pyramide befindet, öffnet sich ein Gang, der zu dem höchsten Punkt der Pyramide führt, doch findet man in ihm keine Treppe. Er hat eine Breite von etwa 5 Spannen. Es heißt, man sei zur Zeit al – Ma'mūn's dort emporgestiegen, und darauf zu einem gewölbten Gemach von geringer Größe gelangt, in dem die Bildsäule eines Menschen stand, die aus grünem Stein, einer Art Malachit, gefertigt war. Man brachte sie zu al – Ma'mūn, und es fand sich, dass sie mit einem Deckel verschlossen war.

Als man sie öffnete, gewahrte man drinnen den Leichnam eines Menschen, der einen goldenen, mit allerlei Edelsteinen geschmückten Panzer trug. Auf seiner Brust lag eine Schwertklinge ohne Griff und neben seinem Haupte ein roter Hyazinthstein von der Größe eines Hühnereis, der wie Feuerflammen leuchtete. Den nahm al – Ma'mūn an sich. Das Götzenbild aber, aus dem man diesen Leichnam hervorholte, habe ich neben der Pforte des königlichen Palastes zu Miṣr liegen sehen im Jahre 511.

Der große Ḳādī Abū 'Abdallāh Muḥammad b. Salāma al – Ḳudā'ī sagt: es berichtete 'Alī b. al – Ḥasan b. Ḳudaid nach Jaḥjā b. 'Uṯmān b. Ṣāliḥ , der sich auf Muḥammad b. 'Alī b. Ṣaḫr, den Temīmiten, stützte: mir erzählte ein Mann, der zu der nicht-arabischen Bevölkerung Ägyptens gehörte — er stammte aus einer Stadt, des Landes, die man Ḳift nennt — und ein Kenner der Verhältnisse und Zustände Ägyptens war und eifrig nach den alten Büchern und Schatzquellen dort forschte:

Wir fanden in unsern alten Büchern folgendes:

Was die Pyramiden betrifft, so gruben Leute ein Grab im Kloster von Abū Hirmīs und fanden darin einen Toten in Leichentücher eingehüllt. Auf seiner Brust lag eine Papyrusrolle, die in ein Stück Zeug gewickelt war; als sie die aus dem Stück Zeug herausnahmen, erblickten sie eine ihnen unbekannte Schrift. Die Schrift war im ältesten Koptisch abgefasst. Als sie nun einen suchten, der sie ihnen lesen könnte, denn sie vermochten nicht, mit ihr fertig zu werden, sagte man ihnen: „Bei dem Kloster al – Ḳalamūn im Faijūm lebt ein Mönch; der wird sie lesen können". Da gingen sie hinaus zu ihm, in der Meinung, er werde doch nicht dazu imstande sein, doch er las sie ihnen, und es stand darin:

Diese Schrift wurde im ersten Jahre der Regierung Kaiser Diokletians geschrieben. Wir haben sie von einer Schrift abschreiben lassen, die im ersten Jahre der Regierung des Kaisers Philippus abgeschrieben wurde, und Philippus hat sie von einem goldenen Blatte abschreiben lassen, in dessen Schrift jeder Buchstabe einzeln für sich stand (?). Es war urälteste Schrift. Sie wurde ihm gedeutet von zwei koptischen Brüdern, von denen der eine Īlū, der andere Barṯā hieß. Als Kaiser Philippus sie fragte, woher sie denn etwas allgemein Unbekanntes, wie die Lesung dieser Schrift, verstünden, erzählten sie, sie stammten von einem Manne ab, der zu den ältesten Bewohnern Ägyptens gehört habe. Keiner außer ihm von den Ägyptern entging der Sintflut, und er nur deshalb, weil er sich zu Noah — über ihm sei Heil! •— begab und auf ihn vertraute, während sich sonst keiner seiner Landsleute zu ihm begab. Noah nahm ihn in der Arche mit; und als das Wasser der Sintflut sich verlaufen hatte, begab er sich in Begleitung mehrerer Söhne Hams, des Sohnes Noahs, nach Ägypten und lebte dort bis zu seinem Tode. Seine Kinder aber erbten die Kenntnis der ältesten Schrift der Ägypter, und wir haben sie in ununterbrochener Folge von ihm ererbt. Ihr Alter betrug, da Philippus sie abschreiben ließ. 1372 Jahre. Derjenige, der sie auf das goldene Blatt abschrieb, hatte nach dem, was Philippus fand, die Schrift dort [in lauter einzeln stehende Buchstaben] zerteilt (?). Ihr Alter belief sich, da er sie abschrieb, auf 1785 Jahre. —

Der Inhalt der Abschrift lautete:

Wir betrachteten, was die Sterne ankündigten, und sahen, dass ein Unheil vom Himmel herabkommen und aus der Erde hervordringen werde; und als uns klar geworden war, dass das Ereignis eintreten werde, schauten wir nach, was es sei, und fanden, dass es eine Wasserflut sei, die über die Erde und alles Lebendige und alle Pflanzen auf ihr Verderben bringen werde. Als wir nun zu der sicheren Erkenntnis gelangt waren, sprachen wir zu unserm Könige Šaurīd b. Šahlūḳ: „Lass, afrūṯanāt" (?) und ein Grab für Dich und ein Grab für Deine Angehörigen bauen!" Darauf wurde für sie die östliche Pyramide gebaut, für seinen Bruder Hūğīb die westliche, und für den Sohn des Hūğīb die „mit Mauerbekleidung versehene" Pyramide. Auch wurden afrūṯanāt (?) im unteren und oberen Ägypten gebaut. Dann verzeichneten wir auf ihren Wänden die Kunde von den Geheimnissen der Gestirne und den Ursachen ihrer Veränderungen, sowie von den Fertigkeiten, der Geometrie und der Medizin, und anderem derart, was nützt und schadet, der Quintessenz nach, klar für den, der unsere Sprache und Schrift kennt.

Diese Katastrophe wird die ganze Welt treffen. Das wird geschehen beim Eintritt des Herzens des Löwen in die erste Minute des Hauptes des Krebses. Die Sterne werden, wenn es dort eintritt, an folgenden Punkten des Himmels stehen:

Die Sonne und der Mond in der ersten Minute des Hauptes des Widders, Saturn auf l° 28 im Widder. Jupiter in den Fischen auf 29° 28', Mars in den Fischen auf 29° 3', Venus in den Fischen auf 28° und einigen Minuten Merkur in den Fischen auf 27° und einigen Minuten und al - Ǧauzahar in der Wage. Das Apogäum des Mondes wird im Löwen auf 5° und einigen Minuten liegen.

Darauf schauten wir nach, ob nach diesem Unheil noch ein Ereignis kommen werde, das Unglück über die Welt bringe, und wir erkannten aus den Sternen, dass eine Katastrophe vom Himmel auf die Erde herabkommen, und dass es das Gegenteil der ersten Katastrophe sein werde, und zwar ein Feuer, das die ganze Welt verbrennen werde. Als wir darauf nachschauten, wann sich dies verderbliche Ereignis begeben werde, sahen wir: es wird stattfinden, wenn das Herz des Löwen in die letzte Minute des 15. Grades des Löwen eintritt. Und es wird die Sonne mit ihm in einer Minute stehen, „verbunden"[34] mit Saturn, der um 120° entfernt im Schützen steht; Jupiter wird im Anfang des Löwen stehen, am Ende seines „iḥtirāḳ"[35], und mit ihm Mars, auf 1°. Der Mond wird im Wassermann, der Sonne gegenüber, stehen, zusammen mit aḏ - Ḏanab auf 22°, und es wird eine gewaltige Verfinsterung der Sonne stattfinden, ...[36]

Merkur wird in seiner größten Entfernung vor ihr stehen......

Was Venus anlangt, so wird sie rechtläufig, was Merkur anlangt, so wird er rückläufig sein.

Als nun der König fragte: „Habt ihr mir noch etwas anderes als diese beiden Katastrophen zu verkünden?“, da erwiderten sie: „Wenn das Herz des Löwen 2/3 des sechsten Teiles seiner Umläufe (?) durchlaufen haben wird, wird alles, was sich auf Erden an Lebendigem bewegt, der Vernichtung anheim fallen; und wenn es seine Umläufe (?) vollendet haben wird, werden sich die Verbände des Himmelsgewölbes auflösen, und es wird auf die Erde herabstürzen!" Da fragte er sie: „Und welcher Tag wird es sein, an dem das Himmelsgewölbe aus den Fugen gehen wird?“, und sie antworteten: „Der zweite Tag, nachdem sich das Himmelsgewölbe zuerst bewegt haben wird".

---

[34] S. Loth, Al - Kindī als Astrolog, in „Morgenländische. Forschungen“ S. 296, Anm. 3.

[35] Nach Dozy, Suppl. I, S. 274: „gleichzeitiger Aufenthalt der Sonne und eines Planeten in einem Grade des Tierkreises".

[36] Vielleicht zu übersetzen: “deren Dauer der Mondbewegung entsprechen wird"?

Das war der Inhalt der Papyrusrolle.

Als der König Šaurīd b. Šahlūḳ gestorben war, ward er in der östlichen Pyramide begraben, Hūǧīb aber in der westlichen und Karūras in der Pyramide, die unten aus Steinen von Assuan und oben aus Kaddānsteinen besteht.

Diese Pyramiden haben unter der Erde Tore, an die sich ein gewölbter Gang anschließt. Jeder Gang ist 150 Ellen lang. Das Tor der östlichen Pyramide liegt auf der Nordseite, das der westlichen auf der Westseite, und das Tor des gewölbten Ganges der „mit Mauerbekleidung versehenen" Pyramide liegt auf der Südseite. Was die Pyramiden an Gold und Smaragden bergen, lässt sich nicht beschreiben.

Der Mann, der diese Schrift aus dem Koptischen ins Arabische übersetzte, addierte die Daten bis zum Sonnenaufgang am ersten Tage des Tōt — das war ein Sonntag — im Jahre 225 arabischer Zeitrechnung, und es ergab sich die Summe von 4321 Sonnenjahren. Als er dann untersuchte, wie viel Zeit nach der Sintflut bis zu eben diesem Tage verflossen sei, fand er: 1741 Jahre, 59 Tage, 13 4/5 Std. und 59/400 Std. Das zog er von der Summe ab, und es blieben 399 Jahre[37], 205 Tage, 10 Std. und 21/400 Std. über. Da erkannte er, dass diese datierte (?) Schrift, um so viel Jahre, Tage, Stunden und Stundenteile vor der Sintflut geschrieben war.

Was die .Pyramide anlangt, die bei dem Kloster von Abu Hirmīs liegt,

---

[37] Die Zahlen, wie sie hier gegeben sind, stimmen natürlich nicht.

4321 J				
-3941 J	59T	13 Std.	4/5 Std.	59/400 Std.
379 J	305T	10 Std.		21/400 Std.

so ist sie das Grab des Ḳarjās. Der war der Ritter der Ägypter, und es galt von ihm, dass er 1000 andere Ritter aufwiege. Wenn sie auf ihn trafen, vermochten sie nicht, ihm Stand zu halten und wurden in die Flucht gejagt. Als er starb, ward der König von tiefem Kummer ergriffen, der schwer auf ihm lastete, und auch die Untertanen waren voll Trauer über .seinen Tod Sie begruben ihn beim Hermeskloster, und man errichtete über ihm die Pyramide in Stufenform. Der Lehm, der dabei neben den Steinen als Baumaterial diente, war aus dem Faijūm; das erkennt man sofort; wenn man den Lehm der Pyramide ansieht, weiß man nicht, wo er anders gewonnen sein könnte, als im Faijūm: weder bei Memphis, noch bei Wasīm gibt es ähnlichen Lehm.

Was das Grab des Königs, des Souverains dieses Ḳarjās, betrifft, so ist es die größte der Pyramiden, die nördlich vom Kloster von Abū Hirmīs liegen; über ihrer Pforte ist eine Tafel aus Kaddānstein angebracht, auf der eine Inschrift in Lasurstein steht. Die Tafel ist 2 Ellen lang und 1 hoch und ist ganz mit einer Schrift bedeckt, die der Schrift, auf den Tempeln gleicht. Man steigt zu der Pforte auf Stufen empor, von denen einige noch wohlerhalten und ohne Risse sind. Diese Pyramide birgt die Schätze ihres Herrn an Gold und Smaragden; den Zugang zur Pforte versperren jedoch Steine, die von der Spitze herabgefallen sind. Wer vor der Pyramide steht, hält sie für ein Zelt.

Ibn 'Ufair sagt, indem er sich auf seine Lehrer stützt: Ǧannād(?), der Sohn des Maijād, des Sohnes des Šamir, des Sohnes des Šaddād, des Sohnes des 'Ād, des Sohnes des 'Ūṣ, des Sohnes des Iram, des Sohnes Sems, des Sohnes Noahs — über ihm sei Heil! — war König von Alexandrien — man nannte es damals Iram, die Stadt der Säulenbauten — und er regierte lange und wurde 300 Jahre alt. Er war der, der hinging und die Pyramiden erbaute und auf ihnen folgende Inschrift anbrachte: „Ich bin Ǧannād(?), der Sohn des Maijād, des Sohnes Šamirs (?), des Sohnes des Šaddād, der die Beackerung des Tales leitet(?), der die Zeltpflöcke einrammt, der die Felsblöcke im Lande zusammenbringt, der ......?, der die Säulenbauten errichtet, der,...?; es wird ihn hervorziehen ein Volk, dessen Prophet Ḥammād heißt[38]; das Kennzeichen davon wird da sein, wenn die 7 Könige der Völker des Sawād in das Land der Länder einfallen werden. Die Datierung dieser Inschrift ist: 1400 Jahre an Zahl".

Ibn 'Ufair und Ibn ’Abd al - Ḥakam sagen: Nach dem, was einige Überlieferer mitteilen, wurden zur Zeit des Šaddād b. ’Ād die Pyramiden erbaut; wir haben jedoch bei keinem ägyptischen Gelehrten irgendwelches Wissen bezüglich der Pyramiden oder irgendeinen zuverlässigen Bericht gefunden.

Muḥammad b. ’Abdallāh b. ’Abd al - Ḥakam[39] sagt: Meiner Ansicht nach können die Pyramiden nur vor der Sintflut erbaut sein; denn wären sie nachher erbaut, so würden die Menschen über sie Bescheid wissen.

’Abdallāh b. Šubruma, der Dschurhumit, sagt: Als die Amalekiter in Ägypten Aufenthalt nahmen zur Zeit, da Dschurhum sie aus Mekka vertrieben hatte, errichteten sie die Pyramiden, gründeten sich die Städte und Dörfer und bauten in ihnen die Wunderwerke. Sie blieben in Ägypten, bis Mālik b. Du’r, der Ḫuzā’it, sie vertrieb.

---

[38] Cf. . Jāḳ. I, S. 258, Zeile 9 ff.

[39] Sonst auch ’Abd ar – Raḥmān. Cf. Karle, Ibn ’Abd al - Ḥakam pag.; Wüstenfeld, Geschichtsschreiber d Araber, S. 21 – (In Brockelmann’s Literaturgesch. Findet sich im Index „Muḥammad“, aber im Text, I, S. 148, ’Abd ar – Raḥmān“ angegeben.)

Muḥammad b. Ibn 'Abd al - Ḥakam sagt: Es lagen hinter den Pyramiden bis zum Westen hin 400 Städte, außer den Ortschaften, die es westlich von den Pyramiden von Miṣr bis zum Westen hin gab.
Ibn 'Ufair sagt: Immer wieder haben unsere ägyptischen Lehrer gesagt: Die Pyramiden erbaute Šaddād, und er war derjenige, welcher die Felsenhöhlen (?)baute und . . . . .?; die „Felsenhöhlen" und die Schatzkammern.
Sie glaubten an die Wiederkunft, und wenn einer von ihnen starb, so begrub man seinen Besitz mit ihm, was es auch immer war; war er ein Handwerker, so wurde sein Werkzeug mit ihm begraben. Die Ṣābier pflegten nach den Pyramiden zu wallfahren. Abū 'r – Raiḥān al - Bērūnī sagt in dem Buche „Spuren, die aus vergangenen Jahrhunderten geblieben sind"[40]: Die Perser und die Magier wollen nichts von der Sintflut wissen; einige Perser jedoch glauben an sie, indes sie sagen: Es kam zur Zeit des Tahmūraṯ über Syrien und den Westen ein Teil der Sintflut, aber die gesamte Kulturwelt überflutete sie nicht; sie ging nicht über die Bergwand von Ḥulwān hinaus und gelangte nicht bis zu den Reichen des Ostens. Die Bewohner des Westens aber errichteten, als ihre Weisen sie davor warnten, Bauten, wie die beiden Pyramiden in Ägypten, um sich bei der Katastrophe hineinzubegeben. Die Spuren des Wassers der Sintflut und die Beschädigungen durch die Wogen sind bis zur halben Höhe der beiden Pyramiden deutlich zu erkennen; über sie hinweg sind die Fluten nicht gegangen. So weit al - Bērūnī.
Es heißt auch: Als sich das Wasser der Sintflut verlaufen hatte, fand man unter dem Wasser keine Stadt, außer Nehāwend — das wurde gefunden,

[40] Cf. E. Sachau, Chronology of the Ancient Nations, S. 27 f.

wie es noch ist — und den Pyramiden und Tempeln Ägyptens. —

Das sind die, welche der erste Hermes[41], den die Araber Idrīs nennen, erbaute: Gott hatte ihn nämlich in der Kenntnis der Sterne unterwiesen, und diese taten ihm kund, es werde eine Katastrophe über die Erde kommen, ein Rest der Welt aber erhalten bleiben, in dem man eine Wissenschaft nötig haben würde. Daraufhin erbauten er und seine Zeitgenossen die Pyramiden und die Tempel, und er schrieb seine Wissenschaft darauf.

Abū 'ṣ – Ṣalt al - Andalusī sagt in seiner Abhandlung nach Erwähnung der natürlichen Anlagen der Ägypter: Es geht aus ihren Verhältnissen hervor, dass es unter ihnen eine Klasse von Leuten gab, die im Besitze von Kenntnissen und Wissenschaften waren, und besonders die Geometrie und Astronomie beherrschten; das beweisen die wunderbaren, überwältigenden Werke, die sie hinterlassen haben, wie die Pyramiden und die Tempel. Denn es sind Denkmäler, die den scharfen Verstand verwirren und der überragenden Gedanken spotten und sie der Beschäftigung des Staunens und Grübelns darüber überlassen. Über Ähnliches sagt Abū 'l – 'Alā Aḥmad b. Sulaimān al – Ma'arrī in seiner Ḳaṣīde auf den Tod seines Vaters: (Ṭawīl) „Es irrt der starke Verstand vom rechten Wege ab, und das sichere Urteil bleibt nicht vor dem Versagen bewahrt. Die Meister der Sprache achteten das Schöne, wann immer sie es sahen, als ein Werk der Dämonen".

Und was gibt es nach den Dingen, die Gott, der Mächtige und Große, vermag und nach seinen Werken Staunenswerteres und Unbegreiflicheres, als die Fähigkeit, aus den gewaltigsten Steinen einen Körper zu bauen, dessen Basis viereckig ist, der, was seine Form

---

[41] Cf. Chwolson. die Ssabier I, S. 789 ff.

betrifft, nach oben spitz zuläuft, der eine senkrechte Höhe von 319 Ellen besitzt, und von 4 [Seiten-] Flächen umschlossen wird, gleichseitigen Dreiecken, bei denen jede Seite 460 Ellen lang ist. Er besitzt neben der gewaltigen Größe eine so solide Ausführung, eine so vorzügliche Symmetrie und eine so treffliche Anlage, dass bis auf den heutigen Tag die Wut der Stürme, die Regengüsse der Wolken und die Erschütterung der Erdbeben spurlos an ihm vorübergegangen sind. Jede der beiden Pyramiden, die al - Fusṭāṭ auf der Westseite gegenüberliegen, ist nach unserer persönlichen Feststellung so beschaffen......?

Es gibt auf der ganzen Erde kein[42] Bauwerk, das ich nicht im Hinblick auf die Zeit bedauerte, ausgenommen die beiden Pyramiden, denn ich bedaure die Zeit im Hinblick auf sie.

Diese beiden Pyramiden ragen hoch über Ägypten auf; sie schauen hinab auf die Flussläufe des Landes und steigen in seiner Luft empor.

Auf sie gehen die Worte des Abū 'ṭ – Ṭaijib al – Mutanabbi': (Kāmil) „Wo lebte der, zu dessen Bauten die Pyramiden gehören? Welches war sein Volk, wann ward er vom Tode ereilt[43]? Es bleiben die Monumente eine Zeitlang hinter ihren Bewohnern zurück; dann müssen auch sie verschwinden und sie folgen [jenen] nach".

Es geschah eines Tages, dass wir uns hinaus zu den beiden Pyramiden begaben, und als wir sie umwanderten und um sie herumgingen, staunten wir gar oft über sie und einer von uns sprach:

(Ṭawīl) „Bei Deinem Leben, schautest Du unter dem vielen, was Du gesehen hast, je etwas Wunderbareres als die beiden ägyptischen

---

[42] CF. Die Anm. zum Text.

[43] K und C bringen den Originaltext; danach ist zu übersetzen:" Welches war sein Todestag? Welcher Tod ereilte ihn?

Pyramiden? Sie ragen hinein in das Himmelszelt; sie erheben sich über dem Äther wie as - Simāk und der „Geier“ und steigen hoch von der Erde auf, wie zwei Brüste, die auf einem Leibe stehen".

Einige sagen, die Pyramiden seien Gräber großer Könige, die sich nach ihrem Tode durch sie vor den übrigen Königen auszeichnen wollten, wie sie sich auch im Leben von ihnen unterschieden hatten, und die danach trachteten, dass durch sie ihr Angedenken in der endlosen Reihe der Jahrhunderte und der langen Dauer der Zeiten erhalten bleibe.

Als nun der Kalif al – Ma'mūn nach Ägypten kam, befahl er, in sie einen Eingang herzustellen. Da stellte man in eine der beiden Pyramiden, die al - Fusṭāṭ gegenüberliegen, nach gewaltigen Anstrengungen und langwierigen Mühen einen Eingang her. Drinnen fanden sie grausenerregende Treppen und Schachte, wo man nur unter Schwierigkeiten gehen konnte, und ganz oben fand er ein würfelförmiges Gemach: jede Seite hatte eine Länge von etwa 8 Ellen und in der Mitte stand eine marmorne Mulde, die mit einem Deckel verschlossen war. Als man den heruntergenommen hatte, fand er drinnen nur morsche Knochen, über die die dahingeschwundenen Jahrhunderte dahingegangen waren. Unter diesen Umständen befahl al – Ma'mūn von einer Öffnung der andern Pyramiden abzusehen. Es heißt, die Kosten, welche die Herstellung dieses Einganges verursachte, seien sehr groß und die Ausgaben für Lebensmittel gewaltig gewesen.

Es gibt Leute, die sagen: Der erste Hermes, welcher der „dreifache" in seiner Eigenschaft als Prophet, König und Weiser genannt wurde (es ist der, den die Hebräer Henoch, den Sohn des Jared, des Sohnes des Mahalalel, des Sohnes des Kenan, des Hohnes des Enos, des Sohnes Seths, des Sohnes Adams •— über ihm sei Heil — nennen, und das ist

Idrīs), der las in den Sternen, dass die Sintflut kommen werde. Da ließ er die Pyramiden bauen und in ihnen Schätze, gelehrte Schriften und alles, worum er sich sorgte, dass es verloren gehen und verschwinden könnte, bergen, um die Dinge zu schützen und wohl zu bewahren.

Es heißt, der Erbauer der Pyramiden sei ein König mit Namen Šaurīd b. Šahlūḳ b. Šarjāḳ gewesen, während, andere behaupten, die beiden Pyramiden, die al - Fusṭāṭ gegenüber liegen, habe Šaddād b. 'Ād infolge eines Traumgesichts erbaut. Die Kopten aber bestreiten das Eindringen der Amalekiter in Ägypten und glauben fest daran, dass Saurīd die Pyramiden erbaut hat, weil er träumte, eine Katastrophe werde vom Himmel herabkommen; diese Katastrophe war die Sintflut. Sie sagen, er habe die beiden Pyramiden in einem Zeitraum von 6 Monaten erbaut, sie mit farbigem Brokat bekleidet und auf ihnen folgende Inschrift angebracht: „Wir haben die beiden in 6 Monaten erbaut. Sage dem, der nach uns kommt, er möge sie in 600 Jahren zerstören, und Zerstören ist leichter als Rauen. Auch haben wir die beiden mit farbigem "Brokat bekleidet; möge er sie mit Matten bekleiden! Und Matten sind geringwertiger als Brokat!"

Die [Seiten-] Flächen dieser beiden Pyramiden waren, wie wir selbst sahen, von oben bis unten mit eng zusammenstehenden, parallel laufenden Zeilen in der Schrift ihres Erbauers beschrieben, deren Buchstaben heutzutage unbekannt sind und deren .Bedeutung man nicht mehr versteht.

Kurz gesagt, die Pyramiden stellen ein solches Wunder dar, dass die Überschwänglichkeit ihrer Beschreibung und das Überschreiten jedes Maßes, wenn man über sie und den tatsächlichen Zustand des an ihr Geschilderten redet, im Widerspruch steht zu den Worten des 'Alī b. al

– 'Abbās ar - Rūmī, obwohl, was hier und was dort geschildert ist, weit voneinander entfernt ist und sich zwischen den beiden Gegenständen, die man im Auge hat, ein großer Abstand befindet; er sagt nämlich: (Mutaḳārib) „Wenn Du jemandem einen Mann schilderst, so übertreibe nicht, sondern halt' die richtige Mitte inne. Denn, wenn Du übertreibst, so werden die Gedanken über ihn maßlos bis zum allerentferntesten Ziel: und er wird klein, da Du ihn groß machtest; denn Abwesenheit lässt größer erscheinen als Anwesenheit".

Es heißt, auf Befehl al – Ma'mūn's habe einer, der die große Pyramide bestieg, eine Messschnur heruntergelassen; da ergaben sich für die Höhe der Pyramide 1000 Ellen nach der königlichen Elle; die ist = l 2/5 Ellen. Die viereckige Grundfläche war 400 Ellen lang und ebenso breit. Die Besteigung fand innerhalb dreier Tagesstunden statt und man fand, dass oben auf der Pyramide soviel Platz sei, dass 8 Kamele dort niederknien könnten.

Es heißt, man habe auf dem Körper, der in der Pyramide begraben liegt, ein ganz zerfallenes Gewand gefunden, von dem nur noch die goldenen Fäden erhalten geblieben waren; die Dicke der Schicht von Myrrhe und Aloë, mit der der Leichnam überzogen war, soll eine Spanne betragen haben.

Es heißt, man habe in dieser Pyramide an einer Stelle einen gewölbten Bau entdeckt, auf dessen Vorderseite sich 3 Pforten befanden, die zu 3 Gemächern führten. Jedes Tor war 10 Ellen lang und 5 Ellen breit und bestand aus behauenem Marmor, der eine treffliche Symmetrie aufwies. Die Außenwände des Baues waren mit blauer Schrift bedeck, die sie nicht zu lesen verstanden. Sie bemühten sich nun 3 Tage lang unter Aufbietung ihres Witzes, diese Pforten zu öffnen, bis sie schließlich in einer Entfernung von 10 Ellen vor ihnen 3 aufrechtstehende Marmorsäulen erblickten. Durch jede Säule ging der Länge nach ein Spalt, in dessen Mitte sich die Figur eines Vogels befand. In der ersten Säule war die Figur einer Taube, aus grünem Stein; in der mittleren die Figur eines Falken, aus gelbem Stein; in der dritten die Figur eines Hahnes, aus rotem Stein. Als sie nun den Falken bewegten, bewegte sich die Pforte, die ihm gegenüber lag, und als sie ihn ein wenig emporhoben, da hob sich die Pforte; und sie war so gewaltig, dass 100 Männer sie nicht heben konnten. Dann hoben sie auch die beiden andern Figuren, und es hoben sich die beiden ändern Tore. Sie traten nun in das mittlere Gemach ein und fanden darin 3 Totenbahren, die aus durchsichtigen, leuchtenden Steinen gefertigt waren; darauf lagen 3 Leichname; jeder war mit 3 Gewändern bedeckt und hatte neben seinem Haupte ein Buch in unbekannter Schrift liegen. In dem zweiten Gemache fanden sie mehrere steinerne Gesimse, auf denen steinerne Körbe standen, die goldene Gefäße von wunderbarer Arbeit und mit allerlei Edelsteinen inkrustiert, enthielten. In dem dritten[44] Gemach fanden sie ebenfalls mehrere steinerne Gesimse, auf denen steinerne Körbe standen, die Kriegsgerät und Waffenausrüstungen enthielten. Für ein Schwert davon ergab sich beim Messen eine Lange von 7 Spannen, und die Länge jedes dieser Panzer betrug 12 Spannen.

Al – Ma'mūn befahl, alles, was man in den Gemächern gefunden hatte, wegzuschaffen; die Figuren an den Säulen aber ließ er wieder herabziehen, worauf sich die Pforten wieder schlössen, wie zuvor.

Die Zahl der Pyramiden betrug, wie es heißt, 18; gegenüber von Fusṭāṭ

[44] Die Reihenfolge der betretenen Gemächer und die Bezeichnungen befremden einigermaßen.

Miṣr liegen drei, von denen die größte einen Umfang von 2000 Ellen hat; sie ist vierseitig, und auf jede ihrer vier Seiten kommen 500 Ellen.
Es heißt auch, al – Ma'mūn habe drinnen, nachdem er sie geöffnet, eine steinerne, mit einer Marmortafel verschlossene Mulde gefunden, die mit Gold angefüllt war. Auf der Tafel stand eine mit einem Sehreibrohr geschriebene Inschrift. Sie wurde ins Arabische übertragen und lautete: „Wir haben diese Pyramide in 1000 Tagen erbaut, und es steht von uns aus keinem etwas im Wege, der sie in 1000 Jahren zerstören will, und Zerstören ist leichter als Bauen; wir haben sie ganz mit Brokat bekleidet, und es steht von uns aus keinem etwas im Wege, der sie mit Matten bekleiden will, und Matten sind geringwertiger als Brokat. —- Auch haben wir auf jeder ihrer Seiten soviel Geld niedergelegt, wie man brauchen wird, um in sie einzudringen!" Da ließ al – Ma'mūn berechnen, wie viel für die Herstellung des Eingangs verausgabt worden war, und es ergab sich ganz genau die Summe, die man in der Mulde gefunden hatte.
Es heißt, man habe in der Pyramide die aus grünem Stein, einer Art Malachit, gefertigte Bildsäule eines Menschen gefunden, die mit einem Deckel verschlossen war, einer Schreibzeugbüchse vergleichbar. Als man den Deckel öffnete, gewahrte man drinnen einen menschlichen Leichnam, der einen goldenen, mit allerlei Edelsteinen geschmückten Panzer trug. Auf seiner Brust lag eine Schwertklinge ohne Griff und neben seinem Haupte ein roter Hyazinthstein in der Größe eines Hühnereies. Den nahm al – Ma'mūn an sich und sprach: „Der ist besser, als Goldestribut!"
Einige Geschichtsschreiber Ägyptens berichten, dass dieses grüne Götzenbild, in dem man die Gebeine fand, bis zum Jahre 611 der Hiğra

beständig neben dem königlichen Paläste zu Miṣr lag.
Bei der Stadt Pharaos standen zwei Pyramiden und bei Maidūm eine. Das ist die letzte.
Im Jahre 577 der Hiğra kam auf dem Begräbnisplatze von Būṣīr in der Gegend von al - Ğīza „das Haus des Hermes" zum Vorschein. Der Ḳādī Ibn aš - Šahrazūrī öffnete es und entnahm ihm gar wunderbare Dinge, unter denen sich Widder, Affen und Frösche aus Bezoarstein, Flaschen aus Malachit und eherne Götzenbilder befanden.
Ibn Ḫurdādbeh sagt[45]: Ein Wunder der Baukunst sind die beiden Pyramiden in Ägypten; denn ihre Höhe beträgt 400 Ellen, nach oben zu werden sie immer schmaler, sie bestehen aus Marmor und sind an der Basis 400 Ellen lang und ebenso breit[46]. Auf beiden findet man in himjaritischer Schrift alle Zauberei und alle Wunder der Medizin verzeichnet und auf beiden findet sich folgende Inschrift: „Ich habe sie beide erbaut; wer Anspruch auf den Namen eines mächtigen Herrschers erhebt, der möge sie zerstören, und Zerstören ist leichter als Bauen!"
Man erwog das, aber es stellte sich heraus, dass der Betrag der Steuern der ganzen Welt nicht genügt, um sie zu zerstören! In dem Buche „Die Wunder der Baukunst" heißt es von den Pyramiden Ägyptens[47]: Ägypten steht mit diesen Formen einzig da, sie haben nirgendwo sonst ein Vorbild. Wer die ägyptischen Lande besichtigt, sieht die beiden Pyramiden für zwei Brüste an, und wer erwägt, dass die Freigebigkeit der Ägypter sie bereitet hat, um sich zu zeigen (?), hält sie für zwei...(?), hält sie für zwei.... (?)

---

[45] Cf. Biblioth. geogr. arab. VI, S. 120 f.

[46] Cf. de Sacy. 'Abdall. S. 222

[47] Cf. de. Sacy, 'Abdall., S. 171 - 179.

Das Auge erblickt sie auch auf weite Entfernungen, und wenn man Dir von ihren Wundern berichtet, so meinst Du, es seien Lügenmären. Die Menschen haben viel über die Pyramiden berichtet, sie beschrieben und ausgemessen. Ihre Zahl ist sehr groß; sie liegen alle im offenen Gelände von al - Ǧīza, dem alten Miṣr gegenüber, und erstrecken sich ungefähr über einen Raum von 3 Tagereisen[48]. Bei Būṣīr gibt es eine Menge von ihnen: einige sind groß, andere klein, einige bestehen aus Lehm und Ziegeln, die meisten jedoch aus Stein; eine[49] ist stufenförmig, die meisten aber laufen spitz zu und sind ganz glatt. Bei al - Ǧīza standen viele Pyramiden, die sämtlich nur klein waren. Sie wurden zur Zeit des Sultans Ṣalāḥ ad – Dīn Jūsuf b. Aijūb durch den Eunuchen Bahā' ad – Dīn Ḳarāḳūš zerstört. Er nahm ihre Steine und verwendete sie, um die Brücken bei al - Ǧīza zu bauen. Von diesen zerstörten Pyramiden sind noch die Spitzen[50] übrig geblieben.

Was die berühmten Pyramiden anlangt, so sind es ihrer drei, die bei al - Ǧīza gegenüber von al - Fusṭāṭ in einer geraden Linie liegen. Zwischen ihnen findet man zahlreiche Mauerreste und ......[51] Zwei von den

---

[48] Bei 'Abdall."2 Tagereisen" (de Sacy, 171).

[49] De Sacy,'"on en voit qui sont formées par marches ou degrés", (S. 171); es gibt aber dort, nur eine Stufenpyramide, die von Saḳḳāra; die Pyramide; von Maidūm kann hier nicht in Betracht kommen, wo es sich um die Pyramiden von Būṣīr (s. die Verweise S. 49, Anm. l der Übers.) handelt.

[50] Bei 'Abdall. „der Kern" (de Sacy. S. 172)

[51] „Und zawājā, die einander gegenüberliegen nach Osten hin". Sind etwa die „verschütteten Gräber der fünften Dynastie" bei Baed., Ägypten Plan 14 (Pyramidenfeld von Gīze) gemeint? — Bei 'Abdall. steht, an dieser Stelle etwas was einen ganz anderen Sinn ergibt (s, de Sacy, S. 173).

Pyramiden sind sehr groß und in den gleichen[52] Maßen gebaut; sie liegen nahe beieinander und bestehen aus weißen Steinen. Was die dritte anlangt, so ist sie um etwa ein Viertel kleiner als die beiden ändern, aber sie besteht aus rotem, gesprenkeltem Granit von außerordentlicher Stärke und Härte; das Eisen bedarf sehr langer Zeit, um eine Spur auf ihm zu hinterlassen. Du findest sie im Vergleich mit jenen beiden nur klein, aber wenn Du zu ihr hinkommst und sie ganz für sich beschaust, so erschreckt Dich ihr Anblick und das Auge ermüdet, wenn es sich in ihre Betrachtung versenkt.

Man ist bei der Erbauung der Pyramiden in staunenswerter Weise verfahren, was die Form und die solide Ausführung betrifft, und deshalb haben sie die Einwirkung der Zeit ertragen, nein vielmehr die Zeit hat ihre Einwirkung ertragen; denn wenn Du über sie nachdenkst, so findest Du, dass das erhabenste Wissen überreich an sie verwendet worden ist, dass der klarste Verstand seine Bemühungen über sie ausgegossen, die erlauchtesten Geister ihr Erhabenstes verschwenderisch für sie ausgegeben und die tiefgehendste Kenntnis der Geometrie sie geschaffen hat als ein Muster, in dem sich die äußerste Grenze ihrer Leistungsfähigkeit erweist. So erzählen sie beinah von dem Volke ihrer Erbauer, geben Kunde davon, wie und unter welchen Verhältnissen sie lebten, reden von ihren Wissenschaften und Fähigkeiten und erklären ihre Lebensweise und Taten.

Sie sind nämlich in nach oben spitz zulaufender Form gebaut; diese beginnt mit einer viereckigen Grundfläche und endet in einen Punkt.

---

[52] De Sacy: de ces trois pyramides, deux sont d'une grandeur énorme (S. 173).

Eine Eigentümlichkeit der spitz zulaufenden Form ist es, dass das Zentrum ihrer Schwere in ihrer Mitte liegt; sie stützt sich auf sich selbst, sie lässt sich auf sich selbst fallen, ein Teil von ihr lastet auf dem ändern, und sie gravitiert nirgend anders wohin. Wunderbar ist in ihrer Anlage auch, dass es eine viereckige Form ist, deren Kanten gegen die vier Winde gerichtet sind. So wird das Ungestüm des Windes durch die ihm entgegenstehende Kante gebrochen; das geschieht ihm nicht, wenn eine Fläche getroffen wird.

Nach denen, die sie ausgemessen haben, misst die Grundfläche jeder der beiden großen Pyramiden 400 Ellen[53] nach der schwarzen Elle. Der sich verjüngende Bau endet oben in einer Plattform, die 10 Ellen in die Länge und ebensoviel in die Breite misst.

Man erzählt, dass ein Bogenschütze bei der einen sowohl in horizontaler Richtung an der Mauer entlang als auch in der Richtung ihrer Höhe einen Pfeil entsandte; dieser fiel aber nieder, bevor er noch die Hälfte der Strecke durchlaufen hatte.

Es wird auch berichtet, dass die Plattform der Pyramiden 11 Ellen nach der Handelle messe.

Die eine von diesen beiden Pyramiden hat einen Eingang, in den die Leute eindringen, um dann zu engen Gängen, sich kreuzenden Stollen, zu Brunnenschachten, Abgründen usw. zu gelangen, wie die berichten, die sich hineinwagen. Viele Leute sind von dem brennenden Wunsche erfüllt, die Pyramide kennen zu lernen, und haben phantastische Vorstellungen von ihr; sie dringen in ihre Tiefen ein, aber sie gelangen unweigerlich an einen Punkt, wo sie weiter zu gehen außerstande sind.

Der Weg, den man drinnen am häufigsten benutzt, ist ein Gang mit

[53] D. h. in die Länge und in die Breite; so steht auch White, S. 53

schlüpfrigem Boden, der nach dem höchsten Teil der Pyramide führt. Dort findet man ein viereckiges Gemach, in dem ein steinerner Sarkophag steht.

Dieser Eingang ist nicht etwa das Tor im Fundament des Bauwerks, sondern nur eine Bresche in der Mauer, die dem Zufall ihre Entstehung verdankt. Es heißt, al – Ma'mūn habe sie herstellen lassen.

Es wird auch erzählt: Die, die sich hineinbegaben und zu dem ganz oben gelegenen Gemache emporstiegen, berichteten, nachdem sie wieder heruntergekommen waren, von dem Außerordentlichen, was sie gesehen hatten:

Das Zimmer war angefüllt mit Fledermäusen und mit dem Kot dieser Tiere, die hier die Größe von Tauben erreichten. Es hatte nach oben Luken und Fenster, die angebracht zu sein schienen, um einen Zugang für den Wind zu schaffen und das Eindringen des Lichts zu ermöglichen. Sie waren angebracht in massigen Steinen, jeder Stein hatte eine Länge von 10 bis 20 Ellen und eine Höhe und eine Breite von 2 bis 3 Ellen. Das größte Erstaunen aber erregt es, dass die Steine mit unübertrefflicher Genauigkeit aufeinander gefügt sind, so dass sich zwischen zwei Steinen auch nicht Platz zum Einschieben einer Nadel, auch nicht ein Zwischenraum von Haaresbreite findet. Sie sind durch Lehmschichten von der Dünne eines Blattes Papier verbunden; was und welcher Art dieser Lehm ist, weiß man nicht.

Auf diesen Steinen stehen Inschriften in jener alten, unbekannten Schriftart — es hat sich noch keiner in Ägypten gefunden, der behaupten könnte, er habe einen gehört, der sie versteht. Diese Inschriften sind so außerordentlich zahlreich, dass, wenn man allein das, was auf den Steinen steht, auf Blätter abschriebe, es 10000 Blätter werden würden.

Ich[54] las in einem alten Buche der Ṣābier, dass die eine dieser beiden Pyramiden das Grab des Agathodaimon, und die andere das Grab des Hermes sei; auch behaupten sie, beide seien große Propheten gewesen, Agathodaimon aber der ältere und größere, und man habe zu ihnen aus allen Ländern Wallfahrten veranstaltet und Geschenke gebracht.

Es wurde dem al – Malik al – 'azīz 'Uṯmān b. Ṣalāḥ ad – Dīn Jūsuf b. Aijūb, als er nach dem Tode seines Vaters unabhängiger Herrscher geworden war, von den Toren unter seinen Gefährten eingeredet, er solle diese Pyramiden zerstören lassen. Da begann er mit der kleinen roten Pyramide und schickte zu ihr Mineure, Steinmetzen und die ganze Schar der Fürsten und Großen seines Reiches hinaus mit dem Befehl, sie zu zerstören. Sie schlugen darauf neben ihr Zelte auf, brachten die Arbeiter und Werkleute zusammen und gaben für sie große Summen aus. Etwa 8 Monate verweilten sie dort mit ihren Reitern und Fußgängern und zerstörten nach mühevoller Arbeit und äußerster Anstrengung ihrer Kräfte einen oder zwei Steine täglich. Einige rissen den Stein oben mit Keilen los, während unten andere mit Tauen und Stricken an ihm zerrten. Fiel er dann herab, so vernahm man weithin einen so furchtbaren Krach, dass die Berge erbebten und die Erde erzitterte. Nun versank er tief im Sande; da kostete es sie wieder viel Mühe, ihn herauszuschaffen. Dann trieben sie Keile, für die vorher Löcher gebohrt worden waren, in ihn hinein und ließen sie darin stecken; so wurde er in einzelne Stücke zersprengt, die man auf Karren wegfuhr, um sie am Fuße des nahe gelegenen Berges abzuladen.

Als sie sich nun lange Zeit dort aufgehalten hatten, als ihre Geldmittel

---

[54] Cf. Chwolson. Ssabier II, S. 528.

erschöpft waren, ihre Ermattung sich verdoppelt
hatte und ihre Entschlossenheit erlahmt war, da stellten sie ermüdet ihre Tätigkeit ein: nichts von dem, was sie erstrebten, hatten sie erreicht, sondern nur die Pyramide verschimpfiert und ihre Ohnmacht und Schwäche in ein deutliches Licht gerückt.
Dies geschah im Jahre 593.
Wer jetzt die Steine der Pyramide (d. h. die Steine, die bei dieser Gelegenheit aus der Pyramide herausgebrochen wurden) sieht, der meint, sie sei in Grund und Boden zerstört worden; erblickt er aber die Pyramide selbst, so meint er, es sei nichts an ihr zerstört, sondern nur auf einer Seite etwas herabgefallen.
Angesichts der großen Mühe, die sie bei der Zerstörung jedes einzelnen Steines hatten, wurde einmal der Vorgesetzte der Steinmetzen gefragt: „Wenn ihr dafür, dass ihr einen einzigen Stein wieder an seinen alten Platz setztet, und in seine frühere Ordnung einfügtet, vom Sultan 1000 Dinare bekämet, wär' es euch dann möglich?" Da schwur er bei Gott, dem Erhabenen, dass sie dazu außer Stande sein würden, auch wenn er die Summe vervielfachte!
Diesen Pyramiden gegenüber liegen[55] viele große und tiefe Höhlen. Es könnte bei ihrer Größe, Weite und Ausdehnung ein Reiter mit seiner Lanze in sie eindringen und sie einen vollen Tag durchstreifen, ohne sie ganz kennen zu lernen(?). Ihre Beschaffenheit lässt deutlich erkennen, dass in ihnen die Steine für die Pyramiden gebrochen wurden. Der rote Granit aber wurde, wie es heißt, bei al - Ḳulzum und bei Assuan gebrochen.
Bei diesen Pyramiden finden sich Spuren riesenhafter Bauten sowie

[55] Auf dem Ostufer (cf. White, S. 58).

zahlreiche trefflich gebaute Felsengräber, fast alles bedeckt mit Inschriften in jener unbekannten Schriftart. So weit das zuletzt zitierte Werk.

Ganz trefflich sagt der Rechtsgelehrte 'Umāra al – Jamānī:

(Ṭawīl) „Ihr meine beiden Freunde, es gibt kein Bauwerk unter dem Himmel, das an Vollendung den beiden Pyramiden Ägyptens gliche! Das sind Bauten, die sogar die Zeit fürchtet, und es fürchtet doch alles in der sichtbaren Welt die Zeit. Mein Auge erquickte sich an diesen einzigartigen Bauten, aber meine Gedanken quälten sich mit der Frage, was sie bedeuten sollen!"

'Abd al – Wahhāb b. Ḥasan b. Ǧa'far b. al - Ḥāǧib, der im Ḏū 'l - Ḥiǧǧa des Jahres 387 starb, sagt:

(Kāmil) „Betrachte die Pyramiden; denn sie zeigen sich dem Auge in ragender Höhe. Es ist, als hätte das weite Land, als es durstete, da schon so lange seine Eingeweide glühten, seine beiden Brüste entblößt und sie unverhüllt gezeigt, indem es zu Gott flehte, weil seine Kinder es verlassen hatten. Da gewährte er ihm den Nil, es sättigend mit reichlicher Überschwemmung und es befreiend von seinem Leid. Das geschah durch die Güte des Herrn, der im Lande einrichtete, was zum Besten der Menschen war, und Ersatz schuf".

Saif ad – Dīn b. Ǧubāra[56] sagt:

(Kāmil) „Wie so unbegreiflich und erstaunlich erscheint dem Verstande das Werk der Pyramiden! Sie lassen nichts von der Geschichte ihres Volkes verlauten, aber vor ihren Wundern haben sie jeden Schleier weggezogen. Sie scheinen wie Zelte errichtet zu sein, doch ohne

[56] Hei Abū 'l - Maḥ. (I, S. 44)

Zeltstangen und -stricke. Wie es bei den Bräuten[57] geschieht, hat man ihre Gewänder abgestreift, aber sie haben Schweigen über ihre Wunder bewahrt".

Ein anderer Dichter sagt:

(Kāmil) „Schau auf die beiden Pyramiden und vernimm von ihnen, was sie aus vergangener Zeit berichten. Schau auf das Geheimnis ihrer Nächte, aber mit dem Auge des Herzens, nicht mit dem äußeren Auge! Wenn sie redeten, so würden sie uns verkünden, was die Zeit in ihrem gesamten Laufe vollbracht hat. — Wenn sie vor dem Auge des Beschauers auftauchen, so scheinen sie ihm die Ohren eines sich tummelnden Rennpferdes

darzustellen".

Der Imām Abū 'l – 'Abbās Aḥmad b. Jūsuf at - Tīfāš ī sagt:

(Ṭawīl) „Siehst Du nicht die Pyramiden, wie ihr Bau ewige Dauer gehabt hat, während die Welt um uns, die Menschen und die Dämonen, vergehen? Es sind die Himmelssphären gleichsam die oberen Mühlsteine[58], auf den unteren stehen die Pyramiden (als Zapfen), die Welt aber ist das Mehl". An einer anderen Stelle sagt er:

(Reğez) „Die alten Bewohner Ägyptens wagten sich an Großes! Ihr hervorragender Geist starb nicht mit ihnen, und Ihre Wissenschaft zeichnete sie aus(?); dann hat ihre Wissenschaft und was sie auszeichnete (?) ein Ende genommen und sie welkten hin (?); doch

---

[57] Vgl. Lane, Sitten und Gebräuchliche d. heut. Ägypter (Deutsche Ausgabe) I, S.183

[58] Eigentlich die „Trichter" bei der Handmühle. Cf. Riehm, Handwörterbuch des bibl. Altertums (1884) S. 1027.

schau, es steht sichtbar vor Dir, denn die Pyramide zeigt sich uns, darauf gegründet!" Von ihm sind auch folgende Verse:

(Ṭawīl) „Ihr meine beiden Freunde, nicht bleibt bei den Wechselgeschicken das, was von dem Ersten blieb, und es tritt neu ein Zweites auf. Bis zu den beiden Pyramiden Ägyptens ist Menschenkraft gekommen und doch dahin gewelkt, wiewohl in ihrer Zeit die Pyramiden wurden (?). So wundert euch nicht, dass ich alt geworden bin, denn meine Zeit hat mich durch den Verlust der Jugend getroffen. Begebt euch nach Karthago und betrachtet dort die beiden Schandtaten[59] der Frevler(?), indem ihr Euch verneigt, und sucht den Palast des Chosroës auf und betrachtet ihn, denn er berichtet uns in wahren Worten von jeder Zeit! Glaubt nicht, dass ich allein der Vergänglichkeit geweiht bin, muss nicht alles unter dem..... vergehen?"

Ich fand von der Hand des Scheichs Šihāb ad – Dīn 'Aḥmad b. Jaḥjā b. Abī Ḥağala at - Tilimsānī geschrieben: „Es rezitierte
mir der Ḳādī Faḫr ad – Dīn 'Abd al - Wahhāb al – Miṣrī von ihm
selbst auf die Pyramiden gedichtete Verse im Jahre 755 und sagte gar trefflich[60]: (Kāmil) „Ihr Pyramidenbauten, gar mancher Prediger hat die Herzen gespalten, ohne zu reden! Sie gemahnen mich an ein altes Wort: Wo lebte der, zu dessen Hauten die Pyramiden gehören?' - Sie sind ragende Berge, sie steigen über dem Horizonte in einer Höhe auf, die fast die des Saturn überbietet. Wenn sich Chosroës an ihrem Fuße

---

[59]) Der Vers ist bei k mit dem Zeichen ٢ versehen. Die Mss. bringen nichts, was zur Erklärung beitrüge. Vielleicht ist die Bedeutung: „Seht, wie die beiden Zerstörungen Karthagos doch den uralten Bauten dort (de Sacy, Abdall., S. 518. 520. 522. ,523) nichts anzuhaben vermochten"

[60] Cf. die Anm. zum Text

niedersetzte, würde er sich einen Sitzplatz wählen, der an Erhabenheit seinen Palast übertrifft. Sie haben Hitze und Kälte der Zeit Jahrhunderte lang ertragen, ohne sich über ihre Wechselfälle zu betrüben, und ebenso die Glut der Sonne, das Wehen der Stürme und die Regenfluten. — Hat ein Mensch sie besonders angebetet, und gehörten die Pyramidenbauten zu seinen Göttern? Oder glaubte jemand, es werde seine Seele nach der Trennung zum Körper zurückkehren, und erkor er sie darum zum Grabe für seine Schätze und seinen Körper, damit er sicher sei vor Gefährdung durch die Sintflut? Oder waren sie Orte zur Beobachtung der Planeten, indem sich der, der sie beobachtete, den vorzüglichsten Platz dazu erkor? Oder wurden sie durch die Kunst der Perser oder Griechen jener Tage als Sternentempel gebaut? Oder hat man auf ihren Wänden eine Wissenschaft eingemeißelt, bei deren Deutung sich die Gedanken verwirren? In dem Herzen dessen, der sie, um ihr eigentliches Wesen zu erkennen, beschaut, bewegen sich Gedanken, bei denen er in seine Fingerspitzen beißt!"

Danksagung

Ein Buch oder eine Publikation, sei sie auch noch so klein, benötigt immer die Hilfe anderer. So auch bei dieser Neuauflage des Pyramidenkapitels von Al-Makrizi. Mein größter Dank gilt Sonja Clasen, die mit ihrer unermüdlichen Arbeit am digitalisierten Text für die richtigen Zeichen der arabischen Umschrift und den nötigen Korrekturen sorgte.

Eine große Hilfe war mir auch Walter Jörg Langbein, der mir als erfahrener Autor, so manch nützlichen Tipp gegeben, mich immer wieder motiviert und mir zur großen Freude antike Quellen geschenkt hat.

Anregende Diskussionen mit Volker Hochmuth sollen hier ebenso wenig vergessen werden, wie die interessanten und lehrreichen Vorlesungen von Prof. Dr. Hartwig Altenmüller und das „bestehen auf Fußnoten" von Susanne Martinssen.

Zum Schluss möchte ich mich noch beim Reprint-Verlag-Leipzig bedanken, der mir die Rechte für die Neupublikation des Pyramidenkapitels gewährte.

Literatur:

- Beckerath, Jürgen von; Chronologie des pharaonischen Ägypten
- Bunz, Hugo; Fatimidengeschichte von Al-Makrizi
- Graefe, Erich; Das Pyramidenkapitel in Al-Makrizi's „Hitat"
- Herodot: Historien
- Lehner, Mark; Geheimnis der Pyramiden
- Richards, D.S.; Das Schwert des Islam; In: Ägypten – Ein Geschichtlicher und Kultureller Streifzug durch sieben Jahrtausende
- Siliotti, Alberto; Pyramiden – Pharaonengräber des Alten und Mittleren Reiches
- Stadelmann, Rainer; Die ägyptischen Pyramiden – Vom Ziegelbau zum Weltwunder

weitere Informationen über den Herausgeber, Ägypten und einen Onlineshop finden Sie im Internet unter:

http://www.cheops-pyramide.net